Albert Grün

A-B-C der Ästhetik

Verlag
der
Wissenschaften

Albert Grün

A-B-C der Ästhetik

ISBN/EAN: 9783957004185

Auflage: 1

Erscheinungsjahr: 2015

Erscheinungsort: Norderstedt, Deutschland

Hergestellt in Europa, USA, Kanada, Australien, Japan
Verlag der Wissenschaften in Hansebooks GmbH, Norderstedt

Cover: Tizian "Ländliches Konzert "

A-B-C der Aesthetik.

Fünf Vorlesungen,

gehalten auf dem Stadthause zu Straßburg

von

Albert Grün.

„Man weicht der Welt nicht sicherer aus,
als durch die Kunst, und man verknüpft sich
nicht sicherer mit ihr, als durch die Kunst.“
(Der Alte von Weimar.)

Straßburg,
Verlag von Treuttel und Würtz.
1856.

A-B-C

der Aesthetik.

A-B-C der Aesthetik.

Fünf Vorlesungen,

gehalten auf dem Stadthause zu Straßburg

von

Albert Grün.

> „Man weicht der Welt nicht sicherer aus,
> als durch die Kunst, und man verknüpft sich
> nicht sicherer mit ihr, als durch die Kunst."
> (Der Alte von Weimar.)

Straßburg,

Verlag von Treuttel und Würtz.

1856.

Vorwort.

Was folgt, ist der nachträglich niedergeschriebene
Inhalt von freien Vorträgen, die, wie gering auch ihr
Werth sein mag, einen Theil des Auditoriums nicht
gerade unangenehm berührt haben müssen. Wenigstens
schließe ich das aus der Form, in welcher mir der Auf=
trag zu Abfassung des Manuscripts von Seiten meines
liebenswürdigen Verlegers zu Theil wurde. Ich selbst
bin weit entfernt, dem hier Gebotenen große Bedeu=
tung beizulegen. Das Wesentliche davon wissen so
ziemlich alle Gebildeten; nur wissen vielleicht Manche
nicht, daß sie es wissen. Als ein bloßes «memento!»
mag denn das Büchlein hinausgehn. —

Daß ich mich an die mündlichen Vorträge, soweit
Gedächtniß und kurze Notizen es ermöglichten, gewis=
senhaft zu halten strebte, folgt von selbst. Nur der Ein=
gang der dritten Vorlesung hat eine absichtliche Aen=
derung erlitten, weil sich das Verfehlte seiner ursprüng=
lichen Fassung in den Blicken der Zuhörer merklich

reflektirte. Kleine Wiederholungen, wie sie aus dem Bestreben hervorgingen, dem ab= und zuströmenden Publikum in jedem einzelnen Vortrage ein thunlichst abgerundetes Ganze zu geben, sind der Treue zu Liebe auch hier nicht ausgemerzt worden. Gar gern hätt' ich zugleich die Frische bewahrt, die solch' einem Reden von Mund zu Ohr seinen Hauptreiz zu verleihen pflegt; aber der Kundige weiß, wie schwer es ist, den durch die Aufhorchenden belebten Ton in einsamer Stubirstube und nicht immer gleich gehobener Stimmung wiederzutreffen.

Sollte Jemand das Eine, was noththut, vor dem Vielen, was wohlthut, zu stark betont finden, so muß ich's gelten lassen. Ich weiß zwar, daß wir Alle schon vortrefflich sind, aber es will mich bedünken, als könnten wir — noch vortrefflicher werden! —

April 1856.

Der Verfasser.

Inhalt.

		Seite
I.	Die Schönheit	1
II.	Die Kunst	31
III.	Die Künste (Bau= und Bildnerkunst)	63
IV.	Die Künste (Malerei, Musik und Poesie)	103
V.	Kunstideal und Leben	143

I.

Die Schönheit.

„Von Schönheit — meint der Astrolog im zweiten
Theile des Göthe'schen Fauſt — von Schönheit ward
von jeher viel geſungen." Und in der That: nicht nur
aus der Sänger, aus unſer Aller Munde vernimmt
man ihren Preis, ſo oft der Panzer, den Eitelkeit und
Berechnung um unſer Herz geſchmiedet, von der Allge=
walt der Empfindung geſprengt wird, ſo oft uns ein=
mal die Seele aufgeht.

Was bewundern wir nicht Alles als ſchön! — Im
Dämmerlichte der Alpenſee, fern überragt von leichen=
weißer Gletſcherkette — wo iſt der Menſch, dem nicht,
gleichviel in welcher Sprache, das „O wie ſchön!"
entſchöſſe, er müßte es denn vor innerer Rührung nicht
durch der Lippen Thor zu bringen vermögen? — Es
ziehen Drei über Berg und Thal. Der Eine ſchaut mit
Entzücken vorwärts auf den zackig zerriſſenen Fels, der
ſeine Nadeln und Hörner in die Wolken ſtreckt; des
Andern Blicke hängen ſelig an den regelrechten Krhſtall=
ſäulen des violetten Amethhſts, den er ſich mühſam aus
dem Steinbruche geklaubt, während der Dritte nicht
müde wird, den gewaltigen Kaſtanienbaum am Wege
zu beſtaunen, und von drei Seiten her ſchallt's wie aus
Einem Munde: „Wie ſchön!" — Sie wandeln im

Hydepark, im Boulogner Wäldchen, im Thiergarten von Berlin; ein arabischer Hengst, ein Andalusier braust schnaubend vorbei oder hebt sich in mächtigen Steigungen, tänzelt in prächtigen Courbetten unter dem Reiter. Ist Jemand unter Ihnen, der bei unbefangener Stimmung nicht stehen bliebe und, wäre er selbst allein, sein „Wunderschön!" den Lüften zuriefe? — Vor der Hütte des Dorfes sitzend, erblicken Sie den silberhaarigen Greis, gebeugt, fast gebrochen, aber mit ruhig heiterem Blicke und gefalteten Händen: o wie schön! — Im reich belebten Gefilde tritt Ihnen ein blühendes Landmädchen, eine hohe, kräftige Gestalt in schneeweißem Brusttuche und einfach sauberem Arbeitsröckchen entgegen. Unter dem schiefsitzenden Strohhut, der das lichtblonde Haar nur halb zusammenhält, lugt aus schelmischen Augen der Jugend Uebermuth hervor, und diese Augen funkeln aus einem Antlitz, dessen rosige Frische durch des entblößten Armes Sonnenbraun bis zur Durchsichtigkeit gehoben wird. Sie stutzen, grüßen und müßten sehr vornehm sein, wenn Sie der Vorbeigeschwebten nicht mit behaglichem Lächeln nachflüsterten: „Wie schön!" Und wie Viele sind denn unter uns, die nicht im Verlaufe der Jugend einmal vor dem Spiegel standen, das Auge mit innigem Wohlgefallen auf der eigenen Gestalt ruhen ließen und ein bescheidenes „Bist doch schön!" nur mit Mühe unterdrücken konnten?

Welch' verschiedene, welch' unvereinbare Erscheinungen! Sie haben, so scheint's, nichts mit einander ge mein, und doch sollen sie gleichmäßig schön sein! Schlangengleich scheint der Begriff der Schönheit durch alle Hecken und Zäune der Logik zu schlüpfen, ohne sich irgendwie fassen, irgendwo festhalten zu lassen, lerchenhaft sich hinaufzuschwingen über das flache Land des Verstandes, um dem Armen nichts, als ein bestürztes Nachsehen übrig zu lassen.

Und sind wir denn schon zu Ende? — Nichts weniger, als das! Ebenso oft, wie in der Welt des Sinnfälligen, begegnet uns die Schönheit auf dem Gebiete des Reingeistigen. Ohne an die in's Auge fallende Gestalt nur zu denken, vernehmen wir die Worte, die Leiden und Thaten eines großartigen Mannes, erblicken ein Werk, lesen ein Buch von ihm, und mit Begeisterung sehen wir in ihm einen schönen Menschen. Wir treten in ein Haus, empfinden die Beziehungen zwischen Vater und Mutter, Eltern und Kindern, zwischen Herrschaft und Gesinde wohlthätig, erhebend, beglückend, und zaubern ebenso wenig, von schönen Verhältnissen zu reden, wie wir es beim Gewahren gegenseitiger Achtung und Liebe zwischen Lehrer und Schüler, opferfähiger Freundschaft bis in den Tod thun würden. Wie nahe liegt es nicht endlich, die Berührungen zwischen den verschiedenen Gliedern einer städtischen Gemeinschaft — im ganzen Staate das Verhältniß zwischen Lenkern und Gelenkten, das Gesammtleben einer Nation schön zu finden, wie das der athenischen Republik nach den Perserkriegen, besonders unter dem schönen Cimon!

Stoffliches und Geistiges also, Pferd und Fami=
lie, Krhstall und bürgerliche Gesellschaft, Staat und
Landschaft: Eins wie das Andere schön! Wie ist das
denkbar? Sollte nicht das Prädikat mindestens auf Eine
Reihe der genannten Erscheinungen, auf die materiellen
oder die geistigen einzuschränken sein? Sollte sich's nicht
als gedankenloses Wortspiel erweisen, wie ihrer bei
nachläſſigem Gebrauche der Sprache so viele vorkom=
men, wenn man dem anorganischen Schwerspath seine
Bewunderung mit demselben Ausdrucke bezeigt, wie
dem geistigsten aller Organismen, dem Staate? Wird
da nicht das Wörtlein „schön‟ ebenso leichtfertig miß=
braucht, wie wenn der Sachse saure Milch „schön
schmecken‟ läßt, oder gar mit derselben ironischen Ab=
sichtlichkeit, mit der man liederliches Treiben „eine
schöne Wirthschaft‟ nennt und dem zaghaften Buben
zuruft: „Du bist mir ein schöner Held!‟?

Ganz gewiß nicht! Und wiewohl nach des Dichters
Wort die ganze Magie der Schönheit auf ihrem Ge=
heimniß beruht, wiewohl — mit dem Philosophen Her=
bart zu reden — das Schöne sich selten lehren läßt,
leichter finden von Denen, die es innig zu lieben ge=
stimmt sind, so lassen Sie's uns dennoch versuchen, das
wahre Wesen dieses andern Proteus an der Hand der
modernen Eidothea, der Wissenschaft, zu finden, wie
wenig wir auch sonst, mit einem Menelaos uns zu
messen, den Muth haben mögen.

Jede Gestalt, die in der weiten Gotteswelt unserm
phhsischen Auge begegnet, von den mikroskopischen Po=

lygaſtren im Polareiſe bis zu der großen, großen Sonne
am Himmel, hat, wie wir uns auszudrücken pflegen,
ihres Gleichen. Sie hat, das wollen wir damit ſagen, die charakteriſtiſchen Züge ihres Sein's, das der
Erſcheinung zu Grunde liegende Weſen, das Feſte,
Unvergängliche in ihr mit einer Reihe anderer Individuen gemein, iſt nur Ein Exemplar einer Familie, einer Art, einer ganzen Gattung von Gebilden. Neben
dem berühmten Onyx im grünen Gewölbe zu Dresden
gibt es wer weiß wie viele noch über und in der Erde;
die Roſe vor Ihrem Fenſter hat Milliarden von Schweſtern; Eine von unzähligen iſt die Ceder im Pariſer
Pflanzengarten; der Löwe, den Sie in der Menagerie
umſtehen, kommt aus einer Wildniß, wo ihrer Hunderte durcheinander brüllen, und hat nicht Jede von
Ihnen ihre Schweſtern, Jeder von Ihnen ſeine Brü-
der in dieſem Saale, in Frankreichs Grenzen, ſo weit
der Himmel blau iſt?

Die innere Natur, die Subſtanz, das Bleibende im
Veränderlichen iſt dasſelbe bei allen Individuen Einer
Art. Mit jedem von ſeines Gleichen theilt der Dres-
dener Stein die Gliederung in verſchiedenfarbige Pa-
rallellagen; Ihre Roſe hat die Struktur der Formen,
der Blüthe Färbung und den eigenthümlichen Duft gemein mit jeglicher andern; die weſentlichen Züge der
Ceder, des Löwen erſcheinen in jedem Repräſentanten
der Art, und — das unmittelbare Gefühl ſchon ſagt es
Ihnen — Menſch iſt Menſch, in Nord und Süd, heute
wie vor Jahrtauſenden und in alle Ewigkeit.

Aber — und mit dieser Frage kommen wir unserm Thema schon näher — wenn jedes Individuum der Ausdruck eines inneren Artwesens, eines dem Endlichen zu Grunde liegenden Unendlichen ist, drücken denn auch alle diesen Inhalt gleich rein und erschöpfend aus? Schießen die Prismen und Pyramiden, die als Charakter des Krystalls den ersten Sieg des inwohnenden Gesetzes über die rohe Masse darstellen, in allen Exemplaren mit derselben Regelmäßigkeit, ohne alle Abweichung und Verkümmerung an? Drückt gleichmäßig jede Buche in ihrem glatten Stamme, in des Laubes saftiger Fülle und der schwellenden Rundung ihrer Contouren die Eigenthümlichkeit aus, die sie neben dem nach Mannesart rauhen und eckigen, grobknochig-starksehnigen Eichbaum zum Weibe unter den Bäumen macht? Wenn man das Wesen des Hundes in der Verbindung jener Gemüthlichkeit, die aus seinem Auge leuchtet, mit der im geschmeidigen Gliederbau sich aussprechenden Raschheit zur That, wie mit der selbstständigen Kraft finden wollte, die sich in Brust und Hals, in der ganzen Haltung des Körpers verräth; steht dann der watschelnde, glasäugige Mops mit dem hängenden Bauche in demselben Verhältnisse zu ihm, wie der stolz und leicht aufgereckte, elastische Hühnerhund, in dessen Blick sich fast eine Menschenseele spiegelt?

Und nun erst der Mensch, in dem sich das animalische Sein vom schweren Boden emporrichtet, um, sich selber erfassend, in seinem Antlitz sich förmlich zum

Geiste zu verklären — drücken Alle, die da sind, sein hehres Wesen gleich treu aus? Aber es gibt ja keinen Menschen, es gibt ja nur Mann und Weib. Nun, wer möchte behaupten, daß uns die Urnatur des Mannes, die gestreckte, auf ein Hinaufstreben über sich deutende Gestalt, in der die Bewältigung der Körpermasse durch strenge Regel und klare Bestimmtheit, fast bis zum Harten und Eckigen gehend, die rücksichtslose Herrschaft des ordnenden Geistes und zweckbewußten Willens, Klarheit und Energie, Erhabenheit und Würde bezeich=net, während in den straffgespannten Muskeln der Drang zum Handeln, die Thatenlust spielt — wer, frage ich, wollte behaupten, daß uns diese Normalform im Lappländer und Araber, im Chinesen und Berg=schotten, daß sie uns überall im eigenen Lande, in un=serm Elsaß gleich rein und ganz ausgeprägt entgegen=träte? Und das freie, anmuthig spielende Fluthen des Stoffes und seiner Bewegungen im aufblühenden Weibe, über dessen zartes Antlitz die feinen Züge nur so hinzie=hen, wie Lüfte über ein Blüthenbeet; an dessen Körper Ein Organ weich und wellig aus dem andern hervor=quillt; dessen milde, zwanglose Formen nicht die Uner=bittlichkeit des Verstandes, sondern die sanfte Empfin=dung in schmeichelndem Einklange mit der Natur gebildet zu haben scheint; dessen Glieder, vollkommener Abrun=dung zustrebend, das in sich gewendete, harmonisch in sich zurückgehende, stillruhige Wirken und Weben in=carniren, das wie von Himmelshöhen Friede und Ruhe über den Beschauer ausgießt; dessen elastische Leichtig=

keit endlich der Ausdruck jener Biegsamkeit und An=
schmiegsamkeit ist, wie sie der kleine, nicht allzuselbst=
ständige Fuß fast zur Bedingung des Lebens macht —
wem ist es denn je zu Sinne gekommen, diese bezau=
bernde Weiblichkeit ebenso lauter in der Buschmännin
und dem Mongolenweibe, wie in Kaschmir's, Circaf=
sien's und Italien's Frauen wiederzufinden, ebenso
lauter in der Nachbarin zur Linken, wie in der zur
Rechten?

Kein Zweifel, bei jeglicher Art des Sein's werden
sich die Individuen dadurch unterscheiden, daß sie der
allen gemeinsamen inneren Natur, ihrem ideellen We=
sen bald mehr, bald minder treuen Ausdruck leihen, daß
die sinnliche Gestalt dem über das Einzelding hinaus=
reichenden, höheren Gehalt hier in größerem, dort in
geringerem Grade entspricht. Darnach aber unterschei=
det sie eben unser ästhetisches Urtheil. Wir haben —
ob von Hause aus, oder erst in Folge vergleichender
Erfahrung — eine hellere oder dunklere Vorstellung
von dem übersinnlichen Inhalte der sinnlichen Erschei=
nung. Je weiter nun der Abstand, je größer das Miß=
verhältniß zwischen diesem ewigen Inhalte und der
zeitlichen Gestaltung desselben, je unvollkommener, ein=
seitiger, verzerrter das Unendliche im Endlichen zu
Tage kommt, desto lebhafter wird das Mißbehagen,
die Unlust und Abneigung sein, die wir empfinden,
desto entschiedener die Energie, mit der wir die Mißge=
stalt als häßlich von uns abweisen. Je harmonischer
dagegen der Zusammenklang von Gehalt und Gestalt,

je mangel= und fleckenloſer die Uebereinſtimmung der
Idee mit ihrem Ausdrucke, des Geiſtes mit ſeiner na=
türlichen Form, des Göttlichen mit dem Irdiſchen, um
ſo innigere Befriedigung fühlen wir, um ſo magiſcher
zieht uns das Gebilde als ſchön an und feſſelt uns mit
den Banden der Liebe an ſich. Und ſo darf ich's nun wohl
ausſprechen, ohne daß meine Worte Gefahr liefen, als
leere, abſtrakte Allgemeinheit betrachtet zu werden,

> daß die Schönheit in nichts Anderm be=
> ſteht, als in der makelloſen Treue, mit
> der das vergängliche Ding ſeinen blei=
> benden, ewigen Inhalt, die endliche Er=
> ſcheinung ihr unendliches Weſen, den in
> ihr wehenden Hauch des Gottesgeiſtes
> zur Darſtellung bringt.

Zweierlei übrigens verſteht ſich dabei von ſelbſt. Ein=
mal muß der in die Sinne fallende Ausdruck bei allem
Lebendigen das Gepräge der ſpielenden, ungezwunge=
nen Freiheit, nicht das einer gewaltſam regelnden
Zucht an ſich tragen, da dieſe ja gerade die urſprüng=
liche Disharmonie zwiſchen ihm und ſeinem Inhalte
verrathen würde. Dann aber iſt natürlich jener Ein=
klang von Sein und Weſen nicht an ſich, ſondern nur
für die Empfindung des Betrachtenden als ganze Schön=
heit zu bezeichnen, wie es ja auch ohne Auge keine Farbe
geben würde. Wem alſo jegliche Beobachtungsgabe,
wem die Beſinnung abginge, kraft welcher wir das
Grundweſen der Erſcheinungen, unabhängig von den
Vorurtheilen des oft geradezu für das Häßliche einge=

nommenen Zeitalters, allein zu finden vermögen, wer weder in die Tiefen der Dinge, noch in die des eigenen Geistes hinabgestiegen wäre, dem würde es vor dem Vollendeten selbst ergehen, wie den bekannten Berliner Damen, die am Schlusse einer Rheinreise nichts erblickt haben wollten, als ein paar alte Berge mit Stein-haufen drauf. "Das Gesetz — sagt Göthe — das in die Erscheinung tritt, in der größten Freiheit, nach sei-nen eigensten Bedingungen, bringt das Objektiv-Schöne hervor, welches freilich würdige Subjekte finden muß, von denen es aufgefaßt wird."

Ich werde Ihrer Einsicht die Beleidigung nicht zu-fügen, im Einzelnen nachweisen zu wollen, wie wir Alle unser ästhetisches Urtheil über die stofflichen Naturge-bilde — um mit diesen zu beginnen — bewußt oder unbe-wußt auf den soeben festgestellten Begriff der Schönheit stützen. Die Mineralien im Grubenschacht, des Waldes Bäume und die Lilien des Feldes, das Thier und den Menschen, insofern er von der Natur bestimmt wird, beurtheilt der Unbeirrte augenscheinlich nach jenem Ge-setze. Nur drängt sich, wie von selbst, die Frage auf, ob denn die Schönheit, die wir in Landschaften zu finden pflegen, ebenfalls auf eine Congruenz von We-sen und Erscheinung zurückgeführt werden, ob auch bei ihr von einem Kundgeben des geistigen Inhalts im sinn-lichen Individuum die Rede sein könne. Unmöglich! — Die Landschaft ist gar kein Individuum; je nach der Wahl des Standpunkts sich ausdehnend oder veren-gend, ist sie kein innerlich zusammenhängendes Ganze,

sonbern nur ein zufällig begrenztes Stück Himmel und
Erde, ein einheitsloses Aggregat von Wolken, Bergen,
Flächen, Gewässern und Häusern, eine an sich seelen=
lose Vielheit zusammentreffender Einzeldinge. Sie hat
demnach keinen ideellen Inhalt, der mit der Erscheinung
in Einklang stehen könnte, ist gar kein Wesen für sich
und kann folgerecht — wie parador es Manchem klin=
gen mag — nicht schön sein[1]. Finden wir sie indeß,
wie alle Welt weiß, trotzdem schön, so wird die Lösung
des Räthsels wohl in den einfachen Worten liegen, die
ich Humboldt's Kosmos enthebe: „Die Welt, die
sich dem Menschen durch die Sinne offenbart, schmilzt,
ihm selbst fast unbewußt, zusammen mit der Welt,
welche er, inneren Anklängen folgend, als ein großes
Wunderland in seinem Busen aufbaut.... Getäuscht,
glauben wir von der Außenwelt zu empfangen, was wir
selbst in diese gelegt haben." — Fühlen Sie nicht, daß
es so ist? Den scheinbaren Abschluß, den die Luftper=
spektive bietet, nehmen wir ebenso willig für Wirklich=
keit, wie die Täuschung des Lichtes, das den Gegen=
ständen, indem es sie durch die verschiedenen Grade
seiner Intensität und Reinheit abstuft, den Schein von
organischen Gliedern eines durch den Farbenton beseel=
ten Ganzen gibt und uns zugleich im Spiele seiner Re=
flexe individuelle Lebendigkeit der Landschaft vorgaukelt.
Der Wolken und Lüfte Zug, das Fließen, Murmeln

---

[1] Wer, wie ein Theil meines Auditoriums gethan, an diesem
Satze Anstoß nehmen sollte, beliebe Vischer's Aesthetik,
Band I, Abth. II, Seite 25—78 zu vergleichen.

und Brausen der Wasser, des Grashalms Zittern und das Rauschen des Waldes; sie alle finden uns von ganzem Herzen bereit, ihren mechanischen Ursprung zu vergessen, eine innere Belebung, eine sich äußernde Seele in's Ganze zu träumen und, um ein Wort der Beglaubigung von Bischer anzuführen, „in dem Wechselspiel blos elementarischer Kräfte ein Vorbild höherer Lebensformen, eigener Zustände und Bewegungen" zu erblicken.

So legen wir unsre Seele, unsre Empfindung in die Landschaft hinein, weßhalb auch die Freude an ihr weit allgemeiner verbreitet ist, als die Empfänglichkeit für das Objektiv-Schöne. Während man bei diesem auf den bestimmten Inhalt ein-, also aus sich herauszugehen gezwungen ist, um zu genießen, kann man bei jener ruhig in seiner Eigenthümlichkeit verharren. Man läßt eben nur seine dunkeln Gefühle in das Objekt hinüberfließen und macht es so zum Träger derselben. Wer ausschließlich von einer gewissen Stimmung beherrscht ist, wird sich nur zu den landschaftlichen Formen hingezogen fühlen, die, wenn man so sagen darf, für sie zum Gefäße zu werden geeignet sind. Der leidenschaftlich Erregte wird im flammenhaft emporschlagenden Felsen, im tosenden Strome sein eigenes Conterfei preisen, den Ermatteten zieht es zum stillen Thale, zum ebenen Spiegel des engumgrenzten See's, in den er die tiefste Ruhe hineindichtet, und wer von den Stürmen des Lebens zerzaust, geknickt, gebrochen worden, den muthet dort in der Schlucht der verkrüp-

pelte Weidenstamm wie ein Herzensbruder an — er
findet ihn schön, den Häßlichen. Nur wer vollkom=
men frei und unbefangen ist, sich mit gleicher Leichtig=
keit in jegliche Stimmung zu versetzen weiß, dafern sie
nur menschlich ist, nur der vermag allen Gestaltungen
der anorganischen Natur ihren Zauber abzugewinnen
oder vielmehr zu leihen: der scheinbaren Unendlichkeit
des Ozeans, der blauen Himmelswiese mit ihren ewi=
gen Sternblüthen, wie der engen Beschränktheit des
Dörfleins, das da, als fürchte es sich, in die Schlucht
gebückt liegt; der Tropen farbenglänzender Ueberfülle,
wie der eisigen Oede nordasiatischer Steppen; Neapels
gluthspeiendem Vulkan, wie den freundlichen Rebhü=
geln und sanft geschwungenen Ebenen unsrer Heimath.
In Alles legt er den entsprechenden Charakter, ein
Menschliches; Alles beseelt er aus der Fülle des eige=
nen Innern. Dem Armen aber, dem das innere Leben
erlosch, dessen Herz und Sinn abgestumpft, verknöchert,
todt sind, der nichts hat, das er hineintragen könnte in
die Außenwelt, ihm wird, wie der Blätter Säuseln
und das Tirili der Nachtigall, so die Stimme der gan=
zen Natur ewig nichts sagen. Die Natur ist ein Echo;
das Echo aber schläft, bis Ihre Stimme es wach=
ruft.

Mit Ausnahme der Landschaft also, die wir mit um
so leichterem Gewissen als kecken Eindringling aus dem
Gebiete des Objektiv=Schönen verweisen können, da kein
Mensch uns darum die Freude an ihr rauben wird, hätten
wir in allen sinnlichen Naturformen den Zusammen=

klang von Wesen und Erscheinung als entscheidendes
Kennzeichen der Schönheit anerkannt. Bliebe die Frage,
ob auch die geistigen Gebilde, die wir schön nennen, jene
Harmonie von Gestalt und Gehalt aufzuweisen haben.
Fast will es scheinen, als gehe, wie der Landschaft die
Seele, so diesen umgekehrt der Leib, die bestimmte
Form ab, in der ihre Idee sich ausprägen könnte, als
seien sie auf diese Weise ebenfalls auszuscheiden.

Wohl scheint es so; nur regiert der Schein, wie
mächtig auch sonst, die Gedankenwelt wenigstens nicht.
Ja, wenn die einzig denkbare Form, in der ein ideeller
Inhalt zu Tage kommen könnte, die feststehende Ge=
stalt, wie die der Pflanze, des thierischen und mensch=
lichen Körpers wäre, so fehlte sie, für uns wenigstens,
dem großen Manne, von dem wir blos erzählen hören,
fehlte dem häuslichen, gesellschaftlichen und nationalen
Verhältnisse allerdings. Aber gibt es nicht eine höhere,
eine selbst bewegte, lebendige Form, die dem rast=
los lebenden Geiste im höchsten Grade entspricht — eine
Form, die sich beim menschlichen Individuum von Hal=
tung und Geberde durch Blick und Miene zur That
und zum Worte hinaufläutert, im Gemeinleben von
den roheren Gestaltungen des Verkehrs zum ehelichen
und Familienleben, von da zur bürgerlichen Sitte und
Staatsform sich erweitert?

Nur umgeschaut! — In einer Form, die nicht mehr
fixe Gestalt, sondern selbst lebendig ist, spricht sich schon
die Natur der höheren Thiergattungen aus. Die Katze
auf der Lauer, der Löwe im Sprunge, der in Aetherhö=

hen leicht und sicher schwebende Geier, das scharrende, schnaubende Schlachtroß: sie leiten aufwärts zu den schönen Stellungen und Geberden, die der Affekt im Menschen ohne Wissen und Willen hervorruft: zur kö=niglichen Haltung des glutäugigen Helden im Kampfe, zur himmlischen Anmuth der über den Säugling ge=neigten Mutter — aufwärts zum unwillkürlichen Aus=drucke permanenter Seelenzustände im Kinde, das nur hüpfend zu gehen vermag, in der Matrone, die, ein Bild innerer Sammlung und ruhiger Resignation, mit vorwärts geneigtem Haupte und angezogenen Füßen im Lehnstuhl zu sitzen pflegt. Und nicht blos in Miene und Stellung, auch im Dulden und Handeln prägt sich, wie Sie wissen, die Innerlichkeit aus, und am Aller=reinsten, am Klarsten und Durchsichtigsten im Worte, in der Rede, bei der ja kein widerstrebender Stoff zu überwinden ist, sondern Stoff und Form unmittelbar Eins sind. Darum braucht uns ein geistschöner, ein großer Mensch nicht körperlich zu erscheinen; der ganze Inhalt seiner Zeit, das Menschliche, so weit ihr dessen Idee herauszubilden überhaupt gelungen ist, hat abä=quate Gestalt gewonnen in seinen Worten, Thaten und Leiden; damit ist er ein Wesen aus Einem Gusse, ist un=zweifelhaft schön.

Nicht minder zwanglos aber stellt sich heraus, daß auch die Schönheit der sozialen Verhältnisse auf dem Ein=klange der Substanz mit ihrem Ausdrucke beruht. Wir Alle tragen ein Gefühl des Echtmenschlichen in uns, das sich in ihnen auszusprechen strebt. Wir empfinden, daß

in der Liebe, der Ehe Geist und Natur in einander
aufgehen, das Gemüth durch die Sinnlichkeit erwärmt,
diese durch jenes gehoben werden, daß des Weibes An=
muth die stolze Würde des Mannes lindern und zugleich
durch sie geadelt werden, des Mannes starre Gedan=
kenenergie an der weiblichen Gefühlstiefe sich schmei=
digen, diese selbst aber klären und läutern soll, damit —
nicht erst im Himmel, wie der sinnige Swedenborg
prophezeite — nein, schon auf Erden Ein Engel aus
Beiden werde! Wir wissen, daß das Wesen der Er=
ziehung darin liegt, die freie Entfaltung des Menschen
aus dem Kinde mit ewigwacher Sorgfalt vor äußeren
Störungen zu hüten und ihm die Ab= und Umwege
des Werdens zu ersparen, die wir aus eigner und frem=
der Erfahrung als naheliegend kennen. Sein Herz sagt
Jedem, daß die wahre Herrschaft das Gesinde nicht
durch Verachtung niederdrückt, nicht durch übermäßige
Anforderungen auszubeuten sucht, mit Einem Worte:
nicht an Leib und Seele ruinirt, sondern durch solide
Gewöhnung kräftigt, durch freundliche Weisung fördert
und durch humanes Wohlwollen zu sich emporhebt. Jeder
von uns ist überzeugt, daß gesellschaftliches Zu=
sammenleben bescheidene Höflichkeit, billige Anerken=
nung jeglichen Eigensein's und stetsbereite Dienstwil=
ligkeit im Kleinen und Großen fordert, und daß der
echte Staat nach allen Seiten hin die Besonderheit,
Freiheit und Würde seiner Bürger schützt und hebt,
ihre materiellen und geistigen Interessen fördert und
als Ausdruck der gesammten Nation unermüdlich der

Erfüllung jener Aufgabe zuringt, die dem bestimmten
Einzelvolke als einem Gliede der großen Menschheits=
familie zu Theil geworden. Nun wohl, wenn wir ein
Haus, eine Stadt, einen Staat sehen, deren reale
Existenz der hier nur angedeuteten Grundidee vollkom=
men entspricht, so leuchtet unser Auge in jenem Ent=
zücken auf, das die Schönheit stets im Herzen entzün=
det, und begeistert preisen wir die sch ö n e Familie, die
sch ö n e Gemeinde, den schönen Staat.

Auf geistigem, wie materiellem Gebiete also wäre
die unerläßliche Bedingung der Schönheit, daß sich in
der äußeren Erscheinung das sie beseelende innere We=
sen, in der natürlichen Form ihr ideeller Inhalt, im
Hinfälligen das Ewige, das Göttliche im Irdischen
ungetrübt wie unverkümmert wiederfinde. Diese schöne
Uebereinstimmung nun zu erreichen, bedarf's augen=
scheinlich ganz freier, von keiner Seite gehemmter Ent=
wickelung eines Wesens. Im Keime schon mangellos,
muß sein erstes Werden mit zarter Sorgfalt gehütet
worden sein, muß ein günstiges Geschick ihm die Mit=
tel zu Wachsthum und Gedeihen in reichem Maße
bieten, jede ihm überlegene feindliche Gewalt fernhal=
ten, und selbst dann wird es die lichte Höhe der Schön=
heit nur erreichen, um alternd alsobald wieder herab=
zugleiten. Denn in allem Leben ist, Sie gewahren es
täglich, nun und nimmer träger Stillestand; es scheint
den Gipfel seiner Entfaltung im Individuum nur zu
erklimmen, um — oft unbeachtet, ja ungesehen, wie
die einsame Alpenrose am Gletscherrande — dem Ab=

grund des Verderbens zuzugleiten. Nur allzuwahr ist der Poeten Klage, daß das Schöne, ach, so vergänglich sei! Es trägt, wie der Volksmund von lieblichen Kindern behauptet, den Stempel des Todes an der Stirne, und nicht bloß Mädchen, nein, alle Meisterwerke der Schöpfung

„sind wie Rosen; kaum entfaltet,
„Ist ihre holde Blüthe schon veraltet." —

So mag's uns denn nicht befremden, wenn wir des Schönen in der rauhen Wirklichkeit so wenig antreffen, wenn es, namentlich in den höheren Sphären des Lebens, wo die Bedingungen des Gedeihens immer complizirter werden, fast nie vollkommen, stets von der Häßlichkeit, wie von seinem Schatten, wie von einem Spion begleitet erscheint, und wenn auf der Wanderung durch's Universum der Caricaturist, der mit spöttischer Vorliebe diesen Begleiter aufsucht, auf größeren Erfolg zählen darf, als der nach Vollendetem dürstende reine Schönheitssinn. Ja, vielleicht findet sich überhaupt „keine Rose ohne Dornen," nichts, was von allem Störenden, Verunstaltenden frei wäre! Am Ende gibt es kein Wesen auf Erden, dem nicht die tausendfache Abhängigkeit von Fremdem, Andersgeartetem den Stempel der Unfreiheit, d. h. der Häßlichkeit aufgedrückt hätte — gibt am Ende nichts durchaus Schönes! Bei scharfem Lichte betrachtet, hat wohl gar jede Pflanze ihren Schaden, seine Mißbildung jedes Thier und jeder Mensch seine Mängel, jedes Haus seine Kehrseite, jede Gesellschaft ihren Zopf, und sein ertöd-

tend Mechanisches jeder Staat. Wie aber kommt es
dann, daß wir noch jemals vom Schönen reden, uns
je noch dafür begeistern können?

Es liegt ein Zug im Menschen, ein hochedler Zug,
den er wahren sollte als seinen theuersten Hort. Wo er
die Tendenz zum Guten, zum Schönen vorwalten sieht,
da nimmt sein Herz Parthei für den Gegenstand, deckt
dessen Schwächen mit dem Schleier der Liebe zu und
dichtet ihm mit unwillkürlichem Wohlwollen an, was
ihm zur Vollkommenheit fehlt. Wollen Sie diesen
Drang zum Idealisiren in höchster Thätigkeit sehen,
so lenken Sie die Blicke auf den Liebenden, den selbst
ein Aristoteles nicht von einem Makel an der Gelieb-
ten überzeugen würde. Wir lächeln darüber; immerhin! Nur lassen Sie uns zugleich bedenken, wie lieb
und edel das Leben wäre, wenn wir Alle, namentlich
bei Würdigung unsrer Mitmenschen, diesem ursprüng-
lichen Seelentriebe minder widerspenstig folgten. Ist
er doch echt menschlich, waltet bereits im Kinde, wenn
es in jedem Geistlichen einen Christus, in jedem Lehrer
einen Sokrates, eine wohlthätige Fee in jeder Tante
erblickt, und tritt beim Reinen jeglichem Objekte gegenüber hervor. Wie tief er in unserm Wesen begrün-
det liegt, darauf weist schon die Natur des Auges
hin, durch die es uns versagt ist, zugleich mit dem um-
fangreichen Ganzen auch alle Einzelnheiten daran bis
in's Kleinste hinein, jeden Flecken, jede Unebenheit, die
geringste Verletzung der Proportionen zu gewahren.
Alles das tritt zurück, sobald wir die Gesammterschei-

nung in's Auge faffen, und nur wenn wir, zum Kriti=
firen geneigt, diese preisgeben, können wir auf jenes die
Aufmerksamkeit heften. Auch sehen wir ja von Allem
nur Eine Seite, haben dadurch, obgleich wir uns das
ganze Objekt vorstellen, nur die Hälfte seiner Män=
gel vor uns, und selbst diese pflegen von hebenden Licht=
reflexen und dämpfenden Schatten in wohlwollendster
Weise gemildert zu werden. Je größer zudem der Ge=
genstand ist, der uns beschäftigt, in desto größere Ent=
fernung sind wir zu treten genöthigt, ihn zu über=
schauen, und so schwinden dem Blicke die kleinen Mängel
fast gänzlich. Wählen wir nun vollends, in freiem Ge=
horsam gegen all' diese Winke der Natur, den günstig=
sten Standpunkt der Betrachtung, so tritt uns nach=
gerade die Erscheinung entgegen, als wäre sie gar ohne
Fehl, als entspräche die Form dem Inhalte, der Aus=
druck dem Wesen in alle Wege; mit innigem Behagen
lassen wir die Harmonie beider als eine ungetrübte auf
uns wirken, und denken in süßem Selbstvergessen nicht
von ferne daran, daß es unsre eigne Phantasie ist,
die sie nachbessernd, mitschaffend erzeugen half.

Auf diese Weise verschafft sich der reine Mensch aller=
dings den Genuß des Schönen, so oft ihm Erscheinun=
gen aufstoßen, die eine überwiegende Tendenz zur Voll=
kommenheit zeigen, mit so geringen Mängeln behaftet
sind, daß sie ideale Bilder hervorzurufen vermögen.
Ich sage: der reine Mensch, und möchte damit den
bezeichnen, der sein Inneres frei zu erhalten weiß von
allen Nebenrücksichten, von untergeordneten Interessen,

Sympathien und Antipathien, dessen gewöhnliche Stimmung eine ruhige, unbefangene ist, der, wie Schiller es nennt, einen offenen Sinn, ein erweitertes Herz, einen frischen und ungeschwächten Geist, mit Einem Worte: die ganze Natur beisammen hat. Auch ihm indeß werden die geforderten Objekte keineswegs zu jeder Stunde, auf Schritt und Tritt begegnen, denn die Mächte des Lebens kreuzen, hemmen und beeinträchtigen sich leider in einem Grade, daß es auch zur annähernden Schönheit der Einzelgestalt nur selten und vorübergehend kommt, am Seltensten in den Regionen der höchsten, gerade darum aber interessantesten Gebilde. Und der großen Mehrzahl der Menschen blühen leider selbst diese spärlichen, flüchtigen Blumen vergebens. Weit entfernt, sie aufzusuchen, rennt man in athemloser Hast, den Kopf von niederen Sorgen eingenommen, an ihnen vorüber, und haftet der Blick ja einmal daran, so loben und tadeln die Einen, wie Serlo in den „Lehrjahren" klagt, aus Mangel an Sinn für ein ästhetisches Ganze nach Krittlerart nur stellenweise, während die Andern keine lautere Wirkung empfinden, weil sie sich der zufälligen Bezüge ihres Jch's zu dem betrachteten Objekte nicht entschlagen können. Wer von den Reizen einer Frau gefesselt wird, bringt's nicht zum wahren Genusse ihrer Schönheit, so wenig wie ein Mensch für die erhabene Herrlichkeit des Gewitters empfänglich ist, der während seiner ganzen Dauer nicht aus Furcht und Zittern herauskommt. Nicht ohne Grund hat man gesagt, wem

ein lebendes Weib besser gefalle, als Titian's Ve=
nus, der stehe nicht mehr auf ästhetischem Standpunkte,
und es erfordere „noch einen ungleich höheren Grad der
schönen Cultur, in dem Lebendigen selbst nur den rei=
nen Schein zu empfinden, als das Leben an dem
Schein zu entbehren".

Nichts vollkommen Schönes unter der Sonne, und
für das Wenige, das der Schönheit mit Erfolg zu=
strebt, nur bei Wenigen Empfänglichkeit: das wäre
somit das betrübende Resultat unsrer Nachforschungen.
„Betrübend?" könnte Einer fragen; „warum denn?
Das Schöne ist recht schön und gut, aber es bildet den
Luxus der Natur, und Luxus ist zu entbehren!" Ich
aber sage Ihnen : Wir können es n i c h t entbehren; das
Schöne in uns aufzunehmen, ist Eins unsrer höchsten
und edelsten Bedürfnisse, dessen Nichtbefriedigung den
ganzen Menschen nie und nimmer zum inneren Gleich=
gewichte, zur Harmonie mit sich selbst, zum klaren
Frieden gelangen läßt. Wie und warum — das wird
sich bald ergeben.

In der Schönheit, sahen wir, kommt das Ideelle,
was wir mit Recht das Höhere und Höchste nennen,
zur Erscheinung; in ihr allein tritt das Ewige für uns
als ein Lebendiges auf, sie allein ist uns also die, wenn
ich so sagen darf, handgreifliche Bürgschaft für sein
Dasein, seine Realität. Bei ernster Erwägung können
wir uns — wenn wir von der Leugnung des Unendli=
chen, die zeitweise den Sinnen schmeichelt, Geist und
Herz aber zu einem Schweigen verdammt, das sie frü=

her oder ſpäter, ſicher aber einmal gewaltſam brechen werden, als von einem überwundenen Standpunkte abſehen — ein dreifaches Verhalten zu dieſem Unend= lichen denken. Zuvörderſt taſten, fühlen wir aus der Natur, aus der Welt des Endlichen überhaupt ſein Daſein heraus, ahnen das Ewige nur von Weitem, bleiben ihm als einem Unnahbaren fern in heiliger Scheu, ohne in ſein Weſen ein=, ohne uns mit dieſem Weſen zu durchdringen. Da aber dieſe gläubige Ah= nung nur das phantaſirende Gemüth erfüllt, ſo wird es nicht immer gelingen, ſie aus dem unvermeidlichen Kampf mit dem forſchenden Geiſte und der ſinnlichen Natur als Triumphator hervorgehn zu ſehen. So iſt es Bedürfniß, das Unendliche auch auf dem Wege des Denkens als eine nothwendige Vorausſetzung des Vergänglichen zu erkennen, womit der abſtrakte Geiſt ſeinerſeits ebenfalls befriedigt wäre. Noch wiſſen wir in= beß unſerm Objekte als einer formloſen Abſtraktion perſönlich, d. h. ſinnlich in keiner Weiſe nahe zu kommen, und der unſelige Kampf der ſinnlichen Natur gegen die Thrannei des Glaubens und Wiſſens wird nicht zaudern, ſich einzuſtellen. Erblicken wir nun aber das Ewige als ein in die unmittelbare Exiſtenz Getre= tenes, das Ueberſinnliche als ſinnliche Erſcheinung uns gegenüber, iſt vor unſern Augen das Wort Fleiſch, das Göttliche irdiſch und alſo das Irdiſche göttlich gewor= den, ſehen wir die Idee in reinſter Inkarnation, als Schönheit vor uns, die nicht das innere Gefühl, nicht das Denkvermögen allein, ſondern den ganzen, ganzen

Menschen ergreift, zu der wir eine so direkte Verwandtschaft fühlen, daß sie in uns, wir in sie hinüberschmelzen, so jubeln Geist, Gemüth und Sinne um die Wette beglückt im Chore auf, denn sie alle haben die unumstößlichste Gewißheit vom Dauernden in allem Wechsel, vom ruhenden Pol in der Erscheinungen Flucht, vom Gottesgeiste auf Erden. So mochte die in Zweifel versunkene Menschheit aufjauchzen, als ihr einst die herrliche Botschaft wurde, der Allerhöchste sei ihres Gleichen geworden in Jesu Christo von Nazareth!

Sie sehen, zu voller, dauernder Befriedigung bringen wir nur durch, wenn wir im Sinnlichen das Uebersinnliche, Gott in der Natur und die Natur in Gott nicht nur ahnen, nicht nur ergrübeln, sondern mit Augen sehen und mit Ohren hören, leibhaftig aufzuzeigen vermögen und so in einem wahreren Sinne, als Chateaubriand in seinem Génie du Christianisme gethan, die Schönheit zur Vermittlerin zwischen endlicher Beschränktheit und der Größe des Unendlichen machen. Unserm höchsten und tiefsten Bedürfnisse zugleich entspringt demnach das Sehnen, die Schönheit, deren Anblick uns die Wirklichkeit zu mißgönnen oder doch nur flüchtig und mangelhaft gewähren zu wollen scheint, aus unserm Innern für die Dauer und makellos hervorzuzaubern — das, was die Natur uns freiwillig zu bieten sich weigert, durch den höchsten Aufschwung aller menschlichen Kräfte in der Kunst zu erschaffen — dem getrübten Naturschönen, worunter wir nun

mehr zusammenfassen, was ohne bewußte ästhetische
Absicht entstanden ist, Alles also, was wir bisher als
Sinnlich= und Geistigschönes trennten, das Ideal=
schöne, die vollkommene Einheit von Bild und Idee
zur Seite zu stellen. Mit unwiderstehlicher Gewalt zieht
es die Menschheit, aus dem sie durchwehenden Gottes=
geiste heraus das Universum wiederzugebären, seinen
ideellen Inhalt, den die mannichfach verkümmerten und
mißwachsenen Gebilde der Wirklichkeit nur hinter mehr
oder minder dichtem Schleier zeigen, nur geheimnißvoll
andeuten, in der Kunst mit durchsichtiger Reinheit aus
der sinnlichen Form hervorleuchten zu lassen, ihn als
Geist von ihrem Geiste, im Fleisch von ihrem Fleische,
als ein innig Verwandtes an's Herz zu ziehen, damit
dieses Herz auflodre in lauterer Liebe zu Allem, was
ist. So löst die ideale Schönheit des Weltall's Mhste=
rium in der Liebe auf, und prächtig wahr und klar
wird Ihnen das Dichterwort klingen, mit dem ich statt
eigenen Weiterstammeln's diese Betrachtung schließe —
das königliche Wort des Grafen Platen:

„Weltgeheimniß ist die Schönheit, die uns lockt in Bild und Wort,
Wollt ihr sie dem Leben rauben, zieht mit ihr die Liebe fort;
Was noch athmet, zuckt und schaudert, Alles sinkt in Nacht und Graus,
Und des Himmels Lampen löschen mit dem letzten Dichter aus!"

II.

Die Kunst.

Bei unsrer neulichen Wanderung im Bereiche des
sinnlichen und geistigen Naturlebens, bei der Betrach=
tung seiner mannigfaltigen Gebilde, von dem die Reihe
des Lebendigen erst leise vorandeutenden Kryſtall, in
welchem sich der Geist als abstraktes Geſetz den sinnli=
chen Stoff so zu sagen mit Gewalt unterwirft, bis zu
dem aus der freien Durchdringung der stofflichen Volks=
natur mit dem lebendigen Geiſte der Sittlichkeit ent=
springenden Staatsorganismus hinauf fanden wir als
wesentliche Bedingung der Schönheit, daß — um den
einfachsten Ausdruck zu wählen — etwas sei, wie es
seiner innersten Natur nach sein sollte, wie es
zu werden durch die ihm einwohnende Idee von Hauſe
aus berufen war, daß in dem Einzelſein jene Seite des
göttlichen Geiſtes, die sich ursprünglich in ihm zu spie=
geln gedachte, zu unverfälſchtem Ausdruck gelange.
Drängte sich uns nun sofort das unerfreuliche Bedenken
auf, daß bei dem Kampfe Einer Exiſtenzform gegen die
andere, wie er in der Welt des Natürlichen allerwärts
und unaufhörlich geführt wird, wohl nur eine geringe
Zahl bevorzugter Weſen so ohne alle Beeinträchtigung
von außen sich entwickle, daß sie unbedingt als ſchön
zu bezeichnen sei, so fanden wir zwar einen vorläufigen
Troſt im Gewahrwerden des nicht genug zu feiernden

Dranges der Menschenbrust, kraft dessen der Edle in
Allem, was der geforderten Einheit mit sich selbst in
ungewöhnlicher Weise nahe kömmt, die noch bleibenden
Mängel huldreich ignorirt und so die Schönheit, die
wir, nicht ohne Heimweh nach der eignen Jugend, dem
Kinde auf Weg und Steg begegnen sahen, wenigstens
noch hier und da erblickt, weil er sie unbewußt erzeugen
hilft. Allein wir konnten andrerseits nicht leugnen,
wie namentlich in den auf zusammengesetztere Lebens=
bedingungen gestellten Individuen der höchsten Gattun=
gen der Gottesgeist, der leuchtend und wärmend aus
ihnen hervorstrahlen sollte, meist in einem Grade ab=
geschwächt, verdunkelt, maskirt erscheint, daß sie kaum
im Empfänglichen den Idealisirungstrieb wecken und
reizen, geschweige denn bei der überwiegenden Mehr=
zahl der Menschen, die im Gedränge des Lebens nie=
mals Muße findet, Neigung und Fähigkeit zum selbst=
vergeff'nen Erfassen des Schönen in sich auszubilden.
So kamen wir bei dem Ergebniß an, daß der über die
sinnliche Erscheinung hinaufragende übersinnliche In=
halt derselben, das Göttliche im Irdischen seiner un=
vollkommenen Durchprägung wegen unserm Auge meist
verloren gehe, und daß wir, falls sich nicht eine Mög=
lichkeit fände, das in der Natur fehlende Schöne durch
freie Geisteskraft zu erzeugen, auf den unmittelbaren
Anblick des Höheren zumeist verzichten, uns mit dem
Glauben daran und der abstrakten Erkenntniß des=
selben begnügen müßten. Das aber schien uns traurig,
gefährlich, ein Unglück.

Der fromme Glaube an's Unendliche — wie arm, wie bettelarm wäre nicht der Mensch, der ihn verlieren könnte! Ist doch dieser Glaube der Stern, deß milder Schein aus treuem Mutterauge schon auf unsre Wiege fällt; der uns Alle dann, wie einst die Hirten von Bethlehem, freundlich winkend dem Göttlichen nachzieht, und wohnte es selbst in einem Stalle; der mit holdseligem Glanze noch unser Sterbelager umspielt und über die Züge des Scheidenden jenes Lächeln ergießt, das da sagen will: "Mag das Vergängliche sinken, das Ewige bleibt!" Wer hätte nicht gefühlt, wie dieser Glaube beseligt, und wäre er durch sich allein rein und unerschütterlich zu erhalten, gewiß, wir bedürften nichts weiter. Aber es darf eine alte, durch der Völker Geschicke, wie durch's tägliche Leben bestätigte Erfahrung genannt werden, daß der Glaube, dafern er nicht auf denkender Einsicht ruht, jedweder Verirrung preisgegeben, tausendfacher Entartung in Schwärmerei und Aberglauben ausgesetzt ist. Ja, auch die vernünftige Erkenntniß, daß und wie der Sinnenwelt ein Geistiges, Höheres zu Grunde liegen müsse, vermag ihn zwar gegen Verirrungen, aber noch nicht gegen die Anfechtungen, die Zweifel zu wappnen, die aus der eigenen Brust aufsteigen. Denn je stärker das Bewußtsein von der Existenz und dem Wesen des Göttlichen, um so mächtiger erwacht das Bedürfniß, ihm nahe, ganz nahe zu kommen, es von Angesicht zu Angesicht, in sinnlicher Gestalt, als Schönheit zu schauen. Der Glaube hat uns Hoffnung erweckt, und Hoffnung ist

Sehnsucht nach Befriedigung. Wird sie ihr im Schö=
nen zu Theil, so schmilzt der sehnende Drang in den
Hochgenuß hin, die Hoffnung ist Wahrheit geworden;
bleibt sie ihr versagt, so zersetzt, so verzehrt sich auf
die Dauer alles Vertrauen, der Glaube wankt, er=
krankt und schwankt dem Grabe zu. Daß in solchem
Falle selbst die ehernen Säulen, auf die ein solides
Wissen den stolzen Bau der Hoffnung gestützt hatte,
zusammenbrechen und mit ihren Trümmern das arme
Herz nur noch schwerer machen können, davon wüßte
wohl mancher Gute, den äußere Rücksichten zeitlebens
in elende Umgebungen bannten, gar trübe Mähr zu
künden.

Halten Sie das, ich bitte dringend darum, nicht für
ein Spiel mit Begriffen, gar mit Worten! Wenn Al=
les, was wir hören und sehn, den ihm einwohnenden
ewigen Gehalt nur unklar, unerkennbar, d. h. für den
Betrachtenden gar nicht ausspricht, so gewöhnen wir
uns erschreckend leicht, diesen Gehalt ganz in Zweifel
zu ziehen, zu bestreiten, zu leugnen. Was bloß Schale ist,
erklären wir allmälig für den Kern, überreden uns, es
liege überhaupt nichts Höheres in Personen, Dingen
und Verhältnissen, betrachten sie nur noch von der end=
lichen, der schlechten Seite, beginnen somit, für uns
selber nur im Wesen=, im Bedeutungslosen zu leben
und sind, eh' wir uns dessen versehn, bei der Verzweif=
lung, bei Misanthropie und Atheismus angelangt. Da
wird denn schmerzlich, wo nicht gar spöttisch gelächelt
über Jeden, der noch „an Großes in der Menschheit

glaubt;" man kennt das ja besser, weiß aus Erfahrung,
daß Alles nichts taugt, daß Tugend, Charakter, Größe
eitel Schein und Lug und nur die Selbstsucht Wahr=
heit — überall Hülsen ohne Kern, nichts als taube
Nüsse! Und sagen Sie nicht, so widerwärtigen Stand=
punkt könnten nur Individuen betreten, die von Hause
aus den Kainsstempel getragen; fast will es scheinen,
als müßten Alle dahin kommen, denen der Anblick
des fleischgewordenen Geistes in Geschichte, Leben und
Kunst für immer entzogen bliebe. Oder — gestatten Sie
die Frage! — würden Sie die Gewißheit einer göttli=
chen Beseelung der Erdenwelt leicht und sicher zu be=
wahren wissen, wenn Sie deren Spuren allenthalben
vergebens suchten, wenn sie Ihnen nicht, zu Zeiten
wenigstens, rein und leuchtend daraus entgegenträten?
Bedenken Sie's; der Gegenstand verdient sehr ernste
Erwägung.

Wenn es nun eine Schaar von Auserwählten gäbe,
deren Auffassung sich allen Versuchungen zum Trotze
dem Trivialen durchaus unzugänglich, in solchem
Grade ideal zu erhalten gewußt, daß sie nicht nur aus
der vollendeteren, nein, aus jeder, selbst der verschro=
bensten und mangelhaftesten Form durch stilles Sich=
versenken in ihre Tiefen den höheren Inhalt heraus=
sähen, den sie ursprünglich auszudrücken bestellt war,
durch alle Trübungen und Verdüsterungen der Endlich=
keit hindurch das Göttliche hell und klar erschauten;
wenn diese Erkornen sich unwiderstehlich gedrungen
fühlten, die schlechten Gebilde der Realität in die Gluth

ihrer Begeisterung für's Unendliche zu werfen, sie rein zu brennen von allen schlakenhaften Beimischungen, um sie uns Andern dann — ein Werk, das nicht sie selber, sondern der Geist in ihnen gewirkt — als lautere Einheit von Bild und Idee vor Augen zu stellen, die Allgegenwart Gottes unmittelbar vor unsre Sinne zu bringen und uns so mit süßer Gewalt zu jauchzender Anerkennung derselben zu zwingen: welch' herrliche Sendung wäre ihnen nicht zu Theil geworden, mit welcher Ehrfurcht müßten wir sie nicht betrachten, mit wie grenzenloser Liebe nicht umfangen! Und sie leben, sie sind da, zu allen Zeiten und in allen Völkern, die ihrer bedürfen — es sind die Künstler. Denn wähnen Sie nicht, es werde Einer ein Jünger der Pieriden ohne jene sittliche Reinheit; das Land der Schönheit gleicht dem brennenden Busch des alten Testamentes: wer ihm nahen will, muß die Schuhe der Gemeinheit ausziehen. Denken Sie nicht, man dränge sich unter die Söhne des Apoll, ohne jene Kraft zu selbstvergessenem Eingehen in den Kern der Dinge, die an keiner Schwierigkeit erlahmt, an keinem Hinderniß sich bricht, oder gar ohne jene Demuth, die ihren rührendsten Ausdruck in Joseph Haydn gefunden, als er bei einer Stelle seiner „Schöpfung" in helle Thränen ausbrechend rief: „Nicht von mir — von da oben kommt Alles."

Ja, die Künstler sind es, die aus dem heiligen Geiste der Menschheit heraus Alles, was ist, zu reiner, vollendeter Gestalt, zur Schönheit wiedergebären. Wie das zugeht? Nun, auf die volle Einsicht in den Hergang dieser Wiedergeburt werden wir wohl verzichten müssen. Wunderbar im vollsten Sinne des Worts, muß sich ein solcher Prozeß der verständigen Analyse großentheils entziehen. Wer will sagen, wie es zugeht, wenn sich der Genius mit rauschendem Gefieder auf einen Liebling der Götter niedersenkt und ihm seine tiefsten Geheimnisse in's keusche Ohr flüstert, ihn groß zu machen unter den Sterblichen? Wer hat gesehen, wie Helena dem zeusbegnadeten Schooße der Leda entblühte, wie die Bienen des Hymettus der süßen Rede Schmelz auf Plato's Lippen legten, der Elfen Schaar den schlafenden Knaben Shakespeare geweiht und der Schöpfer die frischerschaff'ne Seele Göthe's küßte, auf daß des Kusses holder Nachklang in jedem Lied des Dichters bebe? — Gleichwohl lassen Sie uns versuchen, dem Wunder des künstlerischen Schaffens in demüthiger Ferne nachzuschleichen; ein verstohlener Blick in die geheimste aller Werkstätten wird uns doch vielleicht vergönnt.

Wie leicht ersichtlich, ist die Seele alles künstlerischen Treibens die Phantasie. Niemand von Ihnen wird darunter jene ohne Zucht und Lehre aufschießende, wildwuchernde, vagabundirende Imagination verstehen, die, ihre Stoffe nur von der Caprize beziehend, sich in Erzeugung willkürlicher Phantasmen ohne höheren Inhalt, bald kindisch bis zur Albernheit, bald fratzenhaft bis zum Gräßlichen, abhetzt, um schließlich bei der Versimpelung eines Clemens Brentano oder bei Hoffmann'schem Wahnsinn anzulangen. Wir meinen jene

Phantasie, die von Hause aus der inhaltreichen Realität zugewandt, sich mählig erfüllt mit den Gestalten, in denen ihr das Unvergängliche begegnet; die, erzogen und gebildet durch stille Beobachtung, nur wesenhafte, wahre Bilder hegt, die man demnach mit Fug eine Besinnung auf das Urewige, den innerlichen Keim des Schönen genannt hat, der als der herrlichsten der Gottesgaben ein Göthe den Preis vor allen andern zuerkennt.

Schon bei'm Genusse des Naturschönen gibt sie sich, wie wir sahen, mildernd und steigernd, bessernd und ergänzend kund; nur ist ihr Thun dort noch ein harmloses, unwillkürliches, indem sie das annähernd Schöne, das die Wirklichkeit dem Blicke darbietet, so freundlich aufnimmt, als wäre es durchaus vollendet, es unbewußt nach den Normen, die einerseits den Gegenstand durchschimmern, andrerseits in der Brust des Bewundernden selbst liegen, zu einem Ausbrucke der Idee erhebt. Sie übersieht, so zu sagen, die Gebrechen des Objekts, und das ist gewiß lieb und gut. Wenn sie nun aber zu tieferer Besinnung kommt, jene Mängel nicht mehr übersieht, sondern sich von ihnen verletzt, beleidigt fühlt, um so empfindlicher, je näher sonst das Objekt der Vollendung steht; wenn sie es deßhalb der Züge, die durch direkten Widerspruch gegen das Ganze und seine Wahrheit als unwahr, als Entstellungen auffallen, mit Wissen und Willen entkleidet und die so in's Reine gebildete Erscheinung nicht bloß in flüchtiger Vorstellung für sich genießt, sondern in dauernder Form vor aller Welt Augen zur erquickenden Anschauung aufstellt: so ist sie damit aus dem Bereiche blos instinktiver Regungen herausgetreten, weiß nun und hat zu erweisen begonnen, daß sie etwas kann — der heilige Boden der Kunst ist betreten.

Wenn wir diese Thätigkeit der Phantasie die reproduktive nennen, so ist das, dem Gesagten zufolge, ein sehr ungenauer Ausdruck. Weit treffender könnte man sie als regenerative bezeichnen, da eine kritiklose Reproduktion, ein bloßes Copiren des Wirklichen mit der eigentlichen Kunst nichts gemein hat. Ist doch männiglich bekannt, daß der Erzgießer, dem ein sonst herrlich gebautes Roß mit etwas zu flacher Croupe — der Maler, dem ein lieblicher Mädchenkopf auf etwas zu kurzem Halse — der Dichter, dem die rührende, aber durch einen leisen Anflug von Sentimentalität entstellte Liebe zweier historischer Personen zum Modelle dient, nicht ohne Weiteres nachbildet, sondern bei'm Wölben der Croupe, bei der Streckung des Halses, wie beim Aufbau jener Liebe auf kerngesunde Elemente bereits selbstständig auftritt. Was er vorfand, war nur das entschiedene Uebergewicht der tadelfreien Partieen über die mangelhaften; nach ihrer Analogie hat er jede Unterbrechung der Schönheitslinie, jede störende Abweichung von derselben beseitigt, alles Ueberschüssige verdeckt oder entfernt, alles Fehlende ergänzt und so das Ganze verklärend umgeschaffen. Betrachten Sie die Portraitstatuen von Schadow und Rauch in Berlin, Calame's Bilder aus der Alpenwelt, Abelbert Stifter's Naturschilderungen, Raumer's Hohenstaufen und W. Scott's historische Romane: überall Wirklichkeit, aber nicht die baare, empirische, sondern eine, die hinaufgeläutert ist zur Schönheit.

So träte denn hier bereits die Phantasie als eine Macht auf, die sich mit Bewußtsein über den empfangenen Eindruck zu erheben, sich dem Objekte gegenüber als ein Höheres geltend zu machen beginnt, indem sie es umgestaltend nachbildet. Ganz frei ist sie auf dieser Stufe noch nicht, denn zum Nachbilden bedarf's der Vorbilder, und wir haben schon mehr als einmal darauf hingewiesen, daß an diesen, falls sie sich in der Sphäre des sinnlichen Naturlebens noch ziemlich häufig vorfinden sollten, ein nur allzufühlbarer Mangel in der Region der geistigen Gebilde nicht zu leugnen sein werde. Denn nur vom Menschen zu reden, der doch wohl unser lebhaftes und innigstes Interesse in Anspruch nimmt, so kommt schon seine körperliche Gestalt dem heutigen Künstler höchst selten in einem Grade der Vollendung zu Gesichte, daß sie durch ihre unmittelbare Wirkung begeistern könnte. Wie viel seltener noch begegnet man Einem, der innerlich so recht das Ebenbild Gottes wäre, und wann — ach, wann einmal treffen Sie auf Ihrem Pfade, wonach doch jedes Herz so heiß sich sehnt, in einer schönen Form die schöne Seele?!

Wo aber die Vorbilder fehlen, ist der bloß nachbildende Künstler an seiner Grenze; im Bereiche der eb=

leren Formen des Sein's kann er demnach das Schöne
selten oder nie darstellen. Diese Impotenz zu heben,
muß sich seine Phantasie erst losringen aus den Fesseln, die sie noch gebunden hielten, muß vom Reproduziren zum freien Produziren, vom Nachbilden
zum Bilden, zum selbsteignen Schaffen fortgehen.
Die Grundidee der Wesen rein und voll erfassend, in
keiner Weise mehr abhängig von zufälligen Eindrücken,
sondern sie nur noch als Stoff zur Darstellung des
im Innern Erschauten verwendend, muß sie das nie-
gesehene, blos mögliche Vollendete aus sich herauszeu-
gen; statt Individuen zu idealisiren, muß sie umgekehrt
dem Ideale individuelles Leben geben, zur erhebenden
Gewißheit, daß es nimmermehr ein bloßes Phantom
sei; statt aus dem Endlichen das Unendliche herauszu-
schälen, muß sie dieses fortan in ein Endliches hinein-
bilden oder vielmehr, wie Schelling vom wahren
Künstler fordert, „die Seele sammt dem Leibe zumal
und wie mit Einem Hauche" schaffen, um kraft der
unlöslichen Einheit des Erhabenen der Idee und der
als Theilnehmerin an der eigenen Beschränktheit uns
lieblich anmuthenden Individualgestalt jene wunderbare
Rührung in uns zu erzeugen, für welche, mit Schiller zu reden, „der Verstand keinen Begriff und die
Sprache keinen Namen hat". Dann erst thront die
Phantasie in unbestrittener Würde hoch über der gemeinen Wirklichkeit, der sie, von oben herab, ein Ely-
sium entgegenstellt, das Jenseits im Diesseits, den
Himmel auf Erden.

Gedenken Sie der marmornen Göttergestalten Grie-
chenlands, von dem Donnerer Zeus bis zum Knaben
Eros, von einer Here zu den Nymphen und Drya-
den! Gedenken Sie des Tempels von Pästum, wie
des Domes von Speier, der Waldlandschaften Lessing's und der Madonnen von Raphael, eines Quartetts von Beethoven und der Göthe'schen Iphigenie! Wer sah je in der Wirklichkeit die Muster, die
Vorbilder dieser Meisterwerke? Wie aus dem Nichts
entsprungen, steh'n sie da in unsäglicher Wonne und
Herrlichkeit, ein ewiger Päan auf die unversiegliche
Gotteskraft in der Menschenbrust.

Wie aber, fragt man wieder, ist eine solche Schöpfung
denkbar? Je nun, ein Stück Antwort wird sich auch
hier geben lassen, selbst wenn wir auf die Voraussetzung eingeborner Vorstellungen, die, sinnig gefaßt,
nicht so ganz und gar falsch sein dürfte, verzichten wollen. Des Künstlers tägliches Bestreben ist, nach dem
schönen Ausdrucke Bayer's, „in liebevoller Betrachtung es den Dingen abzufragen, wie es denn die schaf-
fende Macht mit ihnen gemeint habe, um sie in ihrer
reinen, vom Zufall unverkümmerten Gestalt in seiner
Phantasie zu erschauen; dann fällt aus den reifsten Gebilden der Wirklichkeit der Same, aus dem sie aufge-
sprossen, in sein begeistertes Gemüth, und sie wachsen
in dem reinen Aether des Geistes noch einmal, aber in
idealer Entfaltung, unangeweht von den rauhen Lüften
der Wirklichkeit empor". In seine Seele ziehen, be-
stimmter zu reden, durch das stets geöffnete Thor der

Sinne unabläſſig Schaaren von Bildern ein, an denen nicht die ganze Geſtalt, wohl aber dieſe oder jene Seite derſelben ein möglichſt reiner Ausdruck des Gattungs=wesens iſt. Dieſe Bilder, je nach der Individualität des Künſtlers ſämmtlich einer beſonderen Sphäre des Seins entſprechend, lagern ſich in mehr oder minder maleriſcher Unordnung in ſeinem Buſen, ſo daß der Träger des Reichthums oft ſelbſt nicht ahnt, wie er von einer beſtimmten Art von Objekten bereits ſo viele und mannigfaltige in ſich beherbergt, daß die Ineins=bildung ihrer ſchönen Partieen ein vollkommenes Ganze liefern würde. Da wandelt er denn mit ſeiner heiligen Bürde herum, bis auf einmal ein zufälliger Eindruck, wie ein elektriſcher Funke, ihn trifft, ihn nicht bloß in höhere Temperatur verſetzt — nein, ſein ganzes Innere wie eine geladene Batterie erſchütternd durchzuckt und alle gleichartigen Bilder mit Blitzesſchnelle ſo zu einem einzigen verſchmilzt, daß von jedem nur der vollendete Theil in das wunderbare Geſammtbild eingeht. Das tritt dann dem Künſtler urplötzlich, in Sonnenklarheit vor's ſtaunende Auge, vor's lauſchende Ohr, entpreßt ihm den keinen Widerſpruch duldenden Ausruf: „So muß es ſein und nicht anders!“ und zwingt ihn mit der überlegenen Gewalt eines höheren Geiſtes, die herr=liche Anſchauung zu fixiren, ihr im Kunſtwerk bleibende Geſtalt zu geben.

Scheint Ihnen das abermals räthſelhaft, ſo habe ich nichts dagegen. Zu Zeiten zwar iſt der Zuſammen=hang eines ſolchen Eindrucks mit dem Erwachen der

Schöpferlust sehr erklärlich. Nicht selten nämlich fehlte in dem inneren Bilderschatze, wie reich er auch sein mochte, noch zu Einem Zuge der Idee, die den substan= ziellen Inhalt des fraglichen Objekt's bildet, der ab= äquate Ausdruck. Nun begegnet der Blick auf einmal einer Erscheinung, die, wie mangelhaft auch sonst, ge= rade d i e s e n Zug entweder rein verkörperlicht oder doch einen genügenden Wink zu dessen makelloser Verleib= lichung gibt. Im Nu ist die begeisterte Stimmung da, im Nu bricht das Gefühl herein, daß jetzt das Material zur idealen Schöpfung vollständig beisammen sei; von selbst zieht es sich an, durchdringt sich, und, wie Athene aus dem Haupte des Zeus, springt aus der hochaufschla= genden Brust die volle Schönheit hervor.

Indessen ist's nicht immer so. Oft lag der ausreichende Stoff schon lange in der Brust, konnte aber, weil der Anstoß fehlte, nicht in Bewegung kommen. Die ver= wandten Bilder konnten den Weg zu einander nicht fin= den; sie drückten, beschwerten, beengten, und doch wollte der Moment der Entbindung nicht erscheinen. End= lich — ein Blick in die Wolken, ein am Ohre vorbeistrei= fender Ton, ein Lufthauch, ein Nichts, und schauernd in schmerzlichem Entzücken fühlt der Künstler das Blut zu Kopf und Herzen steigen, hält ängstlich zitternd still, schließt Auge und Ohr und Alles was sein ist, und un= ter unaussprechlich süßen Wehen entringt sich die strah= lende Geburt dem reich gesegneten Schooße, entsteigt Aphrodite den schäumenden Fluthen der das Innere durchwogenden Begeisterung. Und wie die überirdische

Gestalt vor dem Bewußtsein des Künstlers sich dar= stellt, steht er selbst erstaunt, wie glänzend reich in ihr seine Idee sich entfaltet, wie ebenmäßig sie auseinan= dergetreten in symmetrische Gegensätze, die, in leisen Uebergängen vermittelt, durch ihre harmonische Be= ziehung aufeinander und zum Ganzen wieder in die Einheit zurückversenkt sind. Das ruht mit köstlichem Behagen auf sich selbst, wiegt sich in unzerstörbarem Gleichgewichte, ist seiner selbst so gewiß, daß es sogar das Häßliche, gemildert und vereinzelt, in die Fülle seines Lebens aufnehmen darf, im Voraus sicher, daß es überwunden ist und bleibt. So hängt der Baukünst= ler seine fratzenhaften Wasserspeier in die himmlische Harmonie des gothischen Domes, die schwindende Ohn= macht und Nichtigkeit des Gemeinen gegen das Edle in's Licht zu setzen, und mit noch weit größerem Rechte stellen die Künste, die ihrem Wesen nach den Eindruck Eines Augenblicks durch den des folgenden verwischen können, das Häßliche als Folie mitten in's Reich des Schönen: der Musiker die Dissonanz, der Dichter Ver= wirrung und Verzweiflung, gar absolute Geistlosigkeit, wie Göthe in der Kellerszene und Hexenküche seines Faust.

Nie aber darf — Sie werden mir die Bemerkung bei dieser Gelegenheit erlauben — der Künstler aus irgend einem Grunde das Häßliche an und für sich, nie einen Gegenstand zum Vorwurf nehmen, bei dem die Spuren äußerer Gewalt und Entstellung den vorwie= genden Zug bilden — einen Gegenstand, dessen indivi=

dueller Charakter die Empörung der Materie gegen den Geist, der offenbare Widerspruch zwischen Idee und Erscheinung ist, gleichviel ob er der Wirklichkeit angehöre oder eine Ausgeburt fiebernder Phantasie sei. Wer empfände nicht unüberwindlichen Widerwillen angesichts der aus dem Alterthum auf uns gekommenen Statue des verwachsenen Aesop, einer Bebute aus der Mark Brandenburg, auf der die schnurgerade Chaussée, zwischen rothbeziegelten Steinhäusern in moderner Uniform hindurch, von dem Sandmeer im Vordergrund auf das Sandmeer im Hintergrunde verweist — angesichts der malerischen Darstellung halbzersetzter, halbgerösteter Märtyrer oder einer Schaar von leichenfarbigen, beulenbesä'ten Pestkranken? Wen brächte nicht das abscheuliche Chaos von Tönen auf, in denen allzu geniale Musiker Schlachten und Gewitter wiederzugeben suchen? Wer läse ohne sittliche Entrüstung eine pseudopoetische Verherrlichung gemein sinnlicher Liebe? Wenn ein Titian den schmutzigen Aretino malt, so adelt er nicht ihn durch die Kunst, er entadelt die Kunst durch ihn. Und einen Han d'Jslande von Viktor Hugo, Hoffmann's Elixire des Teufels, die größere Hälfte von Eugen Sue's Pariser Mysterien und ähnliche hochromantische Produkte, die, abgesehen von ihrer inneren Unwahrheit, mit Wohlgefallen gerade bei Dem weilen, „was man, und wär' es auch gescheh'n, mit Nacht bedecken sollte," mag der Himmel ihren Verfassern verzeihen, der Gnadenschatz der Kunstkritik reicht dazu nicht aus. Man berufe sich nur nicht auf den „Geschmack" der Zeit! Der Geschmack — schon das Wort erinnert fataler Weise an Rostbeaf und Gänseleberpasteten — verhält sich zum ästhetischen Gewissen, wie die conventionelle Moral zur reinen Sittlichkeit, wie zur wahren Freiheit die Willkür, wie die Mode mit obligaten Puffärmeln, Reifröcken und spindeldürren Beinkleidern zur Schönheit. „Wo man," sagt Vischer, „das Geschmacksforum für identisch mit dem Schönheitsforum hält, da handelt man ebenso, wie Einer, der die Plastik vom Standpunkte des Schneiders beurtheilte, und ein Künstler, der sich diesem Forum als dem competenten und wahren stellt, hat auf das Schöne verzichtet und sich dem Schneider unterworfen, wo denn in dieser Rücksicht auf salonmäßige Taille alle Freiheit der inneren Anschauung und Organisation eines Kunstwerks verschwindet."

So halten wir denn fest, daß der echte Musensohn unter allen in seiner Brust auftauchenden Bildern nur diejenigen fassen und der Verewigung werth erachten wird, in denen als wahrhaft schönen seinem Gefühl nach die Form das Wesen, das Wesen die Form deckt und erschöpft. Folgt aber daraus, daß dem auch wirklich so sei? Ist es unmöglich, daß jenes Gefühl nach links oder rechts, hier weniger, dort mehr von der Wahrheit abirre?

Im Gegentheil! Wie's um uns Menschen einmal bestellt ist, liegt nichts näher, als daß sich fortwährend Differenzen bilden in Betreff der Frage, was und wie viel von der Form, in der uns die Gebilde der Natur

entgegentreten, zum wesentlichen Ausdruck ihres In=
halts gehöre, und welche Gestalt, dem entsprechend, der
Künstler als die seiner Idee congruente zu betrachten
habe. Da werden denn nur die Wenigen, die man, weil
sie die Wahrheit instinktiv, also stets mit unfehlbarer
Sicherheit finden, genial zu nennen pflegt, auch hier
so ganz das Rechte treffen, während unter der großen
Menge der Strebenden eine Art von Spannung ent=
steht, indem die Einen — wenn die im Grunde nachläs=
sige Bezeichnungsweise gestattet ist — der Gestalt über
den Gehalt, die Andern dem Gehalt über die Gestalt
ein Uebergewicht geben, durch welches dort wie hier die
Schönheit alterirt wird. Jene sagen dann im sinnlichen
Ausdrucke ihrer Produktionen mehr als nöthig, zu
viel, bilden deren Leib zu corpulent, zu massiv, lassen
die Idee theilweise im Stoffe untersinken, wie ein Kind,
das sich in Hut und Mantel des Vaters vergraben, so
daß sie eine Tendenz zum Ersticken zeigt; Diese sprechen
in der Form nicht Alles, was nöthig wäre, zu wenig
aus, legen sie zu mager, zu fadenscheinig, zu abstrakt
an und lassen, an einen Jüngling in längst zu klein ge=
wordenen Knabenkleidern erinnernd, den Inhalt zum
Theil aus dem Stoffe herausragen, so daß die Mög=
lichkeit des Erfrierens nicht ferne liegt. Bieten uns die
Ersteren die Wahrheit nicht rein, sondern mit dem
Unwahren der realen Erscheinung gemischt, halten das
Zufällige als wesentlich und nothwendig, Beeinträchti=
gungen der Grundform als positive Seiten derselben
fest, so finden wir bei den Letzteren die Wahrheit nicht

ganz, gewissermaßen nur die Wurzel daraus, sehen sie das Nothwendige und Wesentliche als zufällig, positive Züge als etwas Fremdes, das Wesen des Objekts Beeinträchtigendes wegwerfen. So fehlen die Einen darin, daß sie nicht bloß in den Formen, die sich normal, nach den Gesetzen der Natur gebildet, eine Manifestation des Geistes erblicken, sondern auch in den gesetzwidrigen Störungen derselben, wie die schlechte Wirklichkeit sie aufzeigt; der Andern Vergehen ist, zugleich mit den Spuren störender Einflüsse einen Theil der Normalgestaltung als ihrer Vorstellung von der Substanz der Dinge widersprechend zurückzuweisen. Jene halten sich zu sehr an das empirisch Vorhandene, Reale, Diese zu sehr an ihre unvollkommenen Ideen, und weil man bekanntlich den Splitter in des Bruders Auge leichter sieht, als den Balken im eigenen, so wirft man von letzterer Seite den Antagonisten Realismus vor, um von diesen zum Ersatze dafür des Idealismus beschuldigt zu werden.

Da weist denn jede Richtung den ihr beigelegten Namen als verleumderisch zurück, behauptet steif und fest, in ihren Werken liege die wahre künstlerische Einheit, und sie begreife nicht, wie Einer so blind sein könne, sich auf die entgegengesetzte Seite zu stellen. Man kritisirt, eifert, wie sich's gebührt, und — was das Beste ist — der einsichtsvolle Zuschauer freut sich des Straußes. Denn wer ihn beklagen wollte, dem müßte entgehen, daß er in jeder Weise förderlich wirkt. Oder treibt er nicht nothwendig zu immer tieferem Eindringen in der Dinge Kern? Bringt der stets wiederholte Durchgang durch diesen Gegensatz nicht Leben, Bewegung in die Kunst? Führt er sie nicht, in täglich engeren Grenzen spielend, der Erfassung des vollkommenen Ideals, dem höchsten Ziele näher und näher? Unverkennbar ist ja das unfreiwillige Schwanken von der stofflichen auf die geistige, von der geistigen auf die stoffliche Seite nichts, als ein Gravitiren der Kunstgeschichte nach dem Schwerpunkt der Schönheit; alle Streitenden erblicken sie ja gleichmäßig in der unbedingten Einheit von Geist und Natur. Alle suchen, wollen diese Einheit, und sollte auch die Allmacht des Willens sich an Individuen nur bei einem Fichte bewähren, von der Menschheit als Ganzem wird sie wohl nur Der in Abrede stellen, der selber an Leib und Seele hektisch ist.

Solch ein Kampf, Sie sehen es, gefährdet das Lebensprinzip der Kunst keineswegs. Es kann aber freilich in Frage gestellt werden, und dies geschieht, wenn ihre Jünger sich so in zwei Lager theilen, daß die Einen sich selbst, mit Bewußtsein und aus Grundsatz zum Idealismus bekennen, während die Andern die Fahne des absichtlichen Realismus aufpflanzen; wenn Jene behaupten, die Kunst solle und müsse über die Natur, auch über ihre vollendeten Formen hinausgehn, Diese dagegen als Prinzip aufstellen, man habe überhaupt nichts an den Dingen zu hofmeistern, nicht zwischen Bildung und Verbildung zu scheiden, sondern ohne alle kritische Sichtung wiederzugeben, was man in

der Wirklichkeit vorfinde. Jetzt fangen die Idealisten
an, den als normal sich ergebenden sinnlichen Ausdruck
zu verkürzen, zu verflüchtigen oder willkürlich umzu=
ändern, ziehen den Dingen die angegossene natürliche
Form, als wäre sie ein Maskenanzug, ab, um sie ent=
weder als möglichst nackte Idee vor die Sinne (!) zu
stellen oder mit einem zierlichen Affenjäckchen aufzu=
stutzen; bieten uns statt lebenswahrer Gestalten mit
Knochen, Sehnen und Muskeln nur Geschöpfe aus
Geist und Haut oder jene unnatürlichen Figuren, bei
denen man, wie bei der Darstellung von Lessing's
Nathan durch einen hasenfüßigen Winkelkomödianten,
kaum weiß, ob man des tollen Widerspruchs zwischen
Götterseele und Hanswurstleib lachen oder sich grämen
soll über des Pseudokünstlers zwiefachen Frevel gegen
die eigene Mutter, die Natur. Wahrlich, es darf sich
Keiner wundern, wenn dann die Realisten oder, wie sie
ebenso gut heißen, die Naturalisten in leidenschaft=
lichem Groll das andere Extrem vertreten, wenn sie die
Realität mit Wissen und Willen nicht nur in ihren
Normalformen, sondern zugleich mit Allem festhalten,
was diese im Weltleben trübt und entstellt, wenn sie
den Dingen nicht bloß den Leib lassen, der ihnen nach
den Gesetzen der Natur eignet, sondern, jegliches Idea=
lisiren als die Quelle alles Uebels verdammend, alle
Schrammen und Auswüchse, Schäden und Flecken, alle
Noth, allen Koth nachbilden, mit denen das empirische
Einzelsein behaftet ist oder sein kann; wenn sie sich
ausschließlich an den materiellen Theil des Objekts

hängen, als gälte es, ihn um seiner selbst willen, nicht aber als Träger des in ihm verkörperten Geistes dar= zustellen — gigantische Körper bilden, in denen man nur mit Mühe ein winziges Seelchen zappeln sieht, und bei deren Anblick man entweder Dasselbe, wie vor einer als Mensch umherwatschelnden Fleischmasse, oder eine innere Empörung empfindet über des Urhebers Sünde wider den heiligen Geist. Erklären die Ideali= sten thatsächlich die ganze Natur für geistlos und die reine Verkörperung der Idee nur dann für möglich, wenn man jene verläßt und verletzt, so betrachten die Naturalisten den Geist als naturwidrig und den Gedanken an reine Inkarnation desselben als abstrak= ten Unsinn. Prahlt aus Jenen der Hochmuth, der da leugnet, daß die menschliche Phantasie auch Natur, das wahre Ideal also nur eine Selbstverklärung dieser letzteren, und folgerecht eine feindliche Entgegensetzung von Kunst und Natur baarer Unverstand ist, so wimmert aus Diesen der Kleinmuth, der die durchgebildete Phantasie nicht als die höchste Blüthe der Natur, den ganzen Menschen nicht als das Wesen zu fassen wagt, in dessen freiem Innern sich die Strebungen des Univer= sums reiner und klarer spiegeln, als in dem vielfach ge= bundenen Außenleben. Der Idealist beleidigt die Natur in uns, der Naturalist das Selbstbewußtsein, und indem Beide darin zusammentreffen, daß sie Geist und Natur auseinanderreißen, bildet der Eine dieser das Unschöne nach, während es der Andre aus jenem selbstthätig erschafft. Darum sind die Erzeugnisse des

Naturalismus wahre Schornsteinfeger, bei denen die Physiognomie als der Ausdruck der Seele unter Ruß und Lehm verschwindet, die des Idealismus bald complete Homunculi, formlose Seelen in einer Glasphiole, bald chinesische Prinzessinnen, die durch die leiseste Erinnerung an eine Psyche lächerlich, geradezu widerlich werden. Ob der Idealist die Freundschaft z. B., die er darstellen will, so sehr aller realen Form entkleidet, daß nur das sentimentale Wortgefasel hainbündlerischer Hochschüler übrig bleibt, oder ob er Seelengröße irgend einer Art in spanische Stiefel, Pariser Frak und englische Halsbinde einschnürt: hier wie dort steht er dem Schönen ebenso nebelfern, wie der Realist, der auf den Boden der Wirthsstube die Spuren des Einflusses malt, den im Uebermaß genossene Spirituosen auf die Thätigkeit der Speicheldrüsen üben, oder uns eine Bürgerfamilie mit der ganzen Jämmerlichkeit der Alltagssorgen, den ehelichen Zwistigkeiten über Lappalien, dem Kummer über ein zerbrochenes Glas oder den bitteren Klagen über ein Schicksal produzirt, das in teuflischer Verfolgungswuth die unglückseligste der Frauen zwingt, eine eben erst der Commode entnommene Windel gleich wieder zur schwarzen Wäsche zu werfen. Wer die holländisch-vlämischen Schildereien aus den untersten Kreisen der Gesellschaft, wer je ein Bild von Caravaggio, eins aus der neufranzösischen Realistenschule gesehn, wer die Vossische Luise mit Göthe's Hermann und Dorothea oder ein Drama von Iffland, von Rob. Benedix mit Schiller's

Wallenstein und Tell verglichen hat, der kennt die zum Glück nicht überall gleich starke Tendenz, den Geist unter der Materie ersticken zu lassen, und wen es zu beobachten verlangt, wie man die wahre Lebensform durch willkürlich angenommene Figuration zu verdrängen oder in luftige Abstraktion zu sublimiren beflissen ist, der betrachte einerseits die byzantinische Kunst am Ende des ersten Jahrtausends unsrer Zeitrechnung, einen Caracci, die nach Boileau's Modejournal zugeschnittene Poesie der Canitz, König und Besser, und meinetwegen auch Sal. Geßner's weltberühmte Idyllen, andrerseits die typischen Heiligenbilder der ältesten Italiener, die ofenrohrartigen Pfeilerstatuen mancher mittelalterlichen Kirchen, oder studire, wenn er's aushält, Klopstock's Messiade und lasse sich wo möglich von einem der nagelneuesten Goldgrundmaler des blonden Germanien's, wenn er in seiner transcendentesten Laune ist, Illustrationen dazu machen!

Sobald dieser prinzipielle Gegensatz eine Zeit beherrscht, suchen Alle die Kunst, wo sie nicht ist, nicht sein kann. Der Streit echauffirt, trüber und trüber wird auf beiden Seiten das Auge, und die Schönheit, die im Grunde nichts ist, als die Natur, aber im Feierkleide, entzieht sich den verdüsterten Blicken mehr und mehr. Sie, diese unsterbliche Conduiramour, ist dann von gewaltthätigen Freiern umlagert, und es bedarf eines Parzival, sie glorreich zu befreien.

Doch genug, vielleicht schon zu viel von Grund und

Veranlaffung zur Entstehung des wahren und falschen Phantasiebildes vor des Künstlers innerem Auge. Lassen wir das Letztere nunmehr bei Seite, um uns zu jenem zurückzuwenden, in welchem die in den Tiefen des Geistes schlummernde Idee, wie vom Zauberstabe berührt, wie auf ein bloßes „Werde!" hin und doch im vollsten Einklange mit den Bildungsgesetzen der Natur zur Erscheinung kommt — durchsichtig wie klares Wasser, mit dem der große Winckelmann die Schönheit so gern vergleicht. Warum aus dem Bilderbuche da drinnen gerade diese Gestalt in einem bestimmten Augenblick, gerade in diesem Augenblick eine bestimmte Gestalt hervortreten mußte, weiß kein Sterblicher und er selbst am Wenigsten; das aber fühlt er, daß sie viel zu groß ist, um von ihm, von Einem allein genossen zu werden, und so treibt es ihn, drängt ihn, zwingt ihn, sie Allem, was menschlich empfindet, entgegenzubringen, auf daß alle Welt in der beglückenden Einheit von Hören, Sehen und Verstehen mit ihm inne werde, wie „der Mensch, um sich als Geist zu erweisen, der Materie nicht zu entfliehen brauche." Zu gewaltig für Eine Menschenbrust, droht die Erscheinung seinen Busen zu sprengen; sie will, sie muß heraus: das Phantasiebild muß Kunstwerk werden.

Dazu aber bedarf's eines Stoffes, in den die subjektive Vorstellung hineingebildet werde, der die innere Anschauung des Künstlers mit den höheren Sinnesorganen der Andern, mit Auge, Ohr oder beiden zugleich in irgend einer Weise vermittle. Zu welcher und mit welchem Organe, wird offenbar zunächst von der Substanz des Bildes selbst und der aus ihr hervorgewachsenen Form abhängen; unmöglich können alle, auch die verschiedenartigsten, für denselben Sinn, in demselben Material, ganz analog ausgeprägt werden. Bald wird ein derberes, massiveres Ausdrucksmittel, wie Stein, Erz und Holz, erforderlich sein, bald ein feineres, luftigeres, wie es der Ton und in noch viel höherem Grade das Wort bietet; das eine wird von selbst zum Auge, das andere zum Ohr, ein drittes direkt zu der beide in höherer Potenz umfassenden Vorstellung reden, und so gliedert sich von innen heraus die Masse der einzelnen Kunstwerke in Reihen, indem alle diejenigen, die sich in Folge innerer Gleichartigkeit in derselben Stoffart, darum auch für dasselbe Auffassungs-Organ produziren, eine Einzelkunst für sich bilden. Von diesen Künsten wird die eine vermöge der Beschränktheit ihres Darstellungsvermögens nothwendig auf die andere, höhere hinweisen, bis — wie sich im Laufe unsrer Betrachtungen ergeben muß — die höchste von ihnen, nicht zufrieden damit, das für die Schwestern Unaussprechliche zu sagen, über die Gebiete aller zurückgreifend, das ganze Universum als Domaine in Besitz nimmt.

Wollte man nun deßhalb, wie es vielfach geschehn, das Material, in welchem, oder den Sinn, für welchen ein Künstler formt, oder die damit zusammenhängende Ausdehnung des Kunstwerks in Raum oder Zeit zum Prinzip dieses Auseinandertretens der Kunst in Künste erheben, so würde man, Grund und Folge verwechselnd, einen handgreiflichen Irrthum begehen. Der wesentliche Inhalt des Kunstwerks wird ja nicht vom Stoffe, nicht vom auffassenden Organe, nicht von der Entfaltung in Raum oder Zeit, sondern umgekehrt diese von jenem bestimmt; das Erste, der eigentliche Theilungsgrund liegt hier augenscheinlich im darzustellenden Objekte selbst.

Es wird nicht vieler Worte bedürfen, uns das einigermaßen anschaulich zu machen. Je nachdem es vorzugsweise das Sinnlich=, das Geistigschöne oder die Beziehung des einen auf's andre, die Natur=, die Menschenwelt oder das Ineinandergreifen beider ist, was die Aufmerksamkeit des Künstlers fesselt; je nachdem er aus dem rastlosen Wechselspiele des Lebens, gleichviel in welcher der erwähnten Regionen, das über dem Einzelsein stehende, Alles ordnende, unterwerfende, einigende Gesetz, oder im Gegentheil die mit der höheren Organisation stets entschiedener hervortretende Freiheit der Individuen, oder endlich das Zusammenfallen beider auf dem Gebiete der sittlichen Welt als dem Gipfel des Lebens verherrlichen will, wird er auf verschiedenen Ausdruck sinnen, den Leib zur Idee in verschiedener Weise, mit verschiedenen Mitteln bilden, bald zu Loth und Wasserwage, zu Meißel oder Pinsel, bald zu Rostral und Feder greifen müssen. Die Stille der Nacht kann man nicht in Marmor hauen, die Gestalt eines Tanhäuser trotz Richard Wagner nicht in Tönen portraitiren, ein Werden, einen Entwicke=

lungsprozeß nicht auf Leinwand malen, und bauen Sie einmal die Mutterliebe, die Freiheit, den Seelen= schmerz!

Dennoch ist es nicht die Natur des Objekts allein, die eine Abstufung der Kunst in Künste und folgerecht auch die der Künste in besondere Gattungen bedingt. Von der andern Seite muß, selbst bei völliger Gleich= heit der Objekte, die Natur des Darstellers, das subjektive Wesen des Künstlers und sein daraus her= vorgehendes Verhältniß zum Gegenstande in Betracht gezogen werden. Man kann, um durch Beispiele sofort die möglichste Klarheit zu erzielen, die Symmetrie der Weltverhältnisse im Großen in einem Dome und in ei= ner Fuge spiegeln, den schönen Menschenleib in Mar= mor bilden und auf die Leinwand werfen, die Andacht, die Wehmuth zum malerischen oder musikalischen Aus= druck bringen, aber glauben Sie, Erwin von Stein= bach hätte Fugen zu componiren oder Sebastian Bach unsre Cathedrale zu bauen — denken Sie, Praxiteles hätte Titian's Venus hinzuhauchen oder Titian die Aphrodite des Praxiteles zu meißeln ver= mocht? Werden Sie sagen, Eustache Lesueur habe eine palestrinensische Messe schreiben oder Palestrina des Paulus Predigt zu Ephesus in die Pariser Lieb= frauenkirche malen können? Ist es ein bloßer Zufall, daß Leopold Robert nicht Bellini's schwermüthige Melodien gesungen, Bellini nicht die melancholischen Fischer am adriatischen Meere hingeweint?

Sie werden's nicht sagen, auch schwerlich mit der

ganz sekundairen Technik erklären wollen, was sich nur aus der eigensten Natur des Autor's, aus der Art und dem Grade seiner Theilnahme am Objekt, seines Eingehen's in dasselbe begreift. Es wird eben darauf ankommen, ob und in welchem Maße er das fertige Sein, die Dinge ihrer festbegrenzten, in sich geschlossenen Gestalt nach klar, scharf, objektiv in's Auge faßt, oder die Offenbarungen ihres unaufhörlich sich umstimmenden Lebens und Webens, ihren ewigen Wandel mit dem Ohre zu erlauschen, sich in sie hinein zu empfinden gewohnt ist, oder ob ihn Auge und Ohr zugleich in untrennbarer Gemeinschaft leiten, so daß er mit dem Schauenden das Andersssein in sich, mit dem Horchenden sich in das Anderssein versenkt und es so in seinem ganzen Umfange erfaßt und durchdringt, nicht bloß als ein wandellos Begrenztes, nicht bloß als grenzenlosen Wandel, sondern als die Einheit von Sein und Werden, als ein wahrhaft Lebendiges.

Es bedarf keines Nachweises, wie in Folge dessen der lediglich auf's Sehen organisirte Künstler kein Musiker, der Mann mit dem vorwiegenden Gehörsinne weder Architekt noch Bildhauer werden kann, während der Reichbegabte, dessen geistiges Ohr ebenso fein, wie sein Auge klar ist, gleiche Befähigung zum Bauen und Bilden, zum Malen und Singen an den Tag legen wird — wie es ja der echte Poet bei jeder Gelegenheit thut.

Halt indeß! — Wie in der ersten Vorlesung an die Schwelle der Kunst im Allgemeinen, so habe ich Sie

heute nur bis zu dem Punkte führen wollen, von wo
Ihnen, falls meine Entwickelung nicht gar zu unklar
gewesen, ihr Auseinandertreten in Künste nicht als
etwas Aeußerliches, sondern als Resultat einer inneren
Nothwendigkeit erscheinen wird, der wir bei der folgen=
den Untersuchung schärfer in's Gesicht sehen müssen.
Sie sind, von der ersten bis zur letzten, nur die Zweige
des Einen Wunderbaumes, der, die Erdenmängel
freundlich in Schatten stellend, seine Krone in lichten
Aetherhöhen wiegt. Jeder Zweig, ja jeder Ast trägt
anders duftende Blüthen, prangt mit anders gefärbten
Früchten; nur das haben sie alle gemein, daß jeglicher
Blüthe Duft, jeglicher Frucht Genuß uns belebt und
verjüngt und herzinniglich erquickt.

III.

Die Künste.

Wenn es leider Menschen gibt, deren Vorstellungs=
weise an einen schlammigen Sumpf erinnert, aus dem
auch das Hellste und Klarste, ist es einmal hineingefal=
len, nicht ungetrübt, nicht unbeschmutzt wieder hervor=
geht, so gleicht dagegen die reine Phantasie Lukas
Kranach's berühmtem Jungbrunnen, aus dessen Fluth,
was irgend welk und häßlich hinabgestiegen, von Schön=
heit und Jugend strahlend wiederkehrt. In diesen Zau=
berbrunnen alles Sein und Werden, wie Raum und
Zeit davon erfüllt sind, in ihn das ganze Universum
niederzutauchen, das ergab sich uns als die heilige
Mission der Kunst.

Das Universum aber ist zwar im Ganzen und Gro=
ßen, in all' seinen Bildungen und Strömungen die In=
karnation Eines Weltgeistes, was nur Der leugnen
könnte, dem die All=Einheit nicht mit mächtigen Zügen
in die Brust gegraben stände, nicht bei jedem Blicke
nach außen in's Auge spränge. Nur wolle man nicht
übersehen, daß sich der Geist, dessen Wesen es nach
Hegel's treffendem Ausdruck ist, sich zu entwickeln,
nur in der reichsten Mannigfaltigkeit von Erscheinun=
gen, nur im unendlichen Wandel des Werdens, in je=
nem ewigen Ringen, zu immer großartigerem und rei=

nerem Ausdruck zu gelangen, offenbaren kann. So tritt denn zuvörderst das Weltganze auseinander in die beiden Hauptgebiete, die wir schon bei Betrachtung der verschiedenen Arten des Naturschönen durch eine scharfgezogene Demarkationslinie gegen einander abgrenzen mußten, in das des bloß natürlichen, unbewußten, und das des bewußten, durchgeisteten, in seiner höchsten Form sittlichen Sein's. Und innerhalb beider Sphären streben nun wieder die tausendfältigen Sondergebilde einer Flucht aus dem Dienste des Gesammtlebens, einem unabhängigen Fürsichsein zu, die einen erfolglos, halb glücklich die andern und die stärksten, in sich reichsten als glorreiche Ueberwinder. In Folge dessen zerlegt sich jedes der erwähnten Gebiete auf's Neue in die Sphäre des gebundenen und die des freien Sein's — ein Gegensatz, der allerdings, wenn anders das All aus seiner anscheinenden Zerfahrenheit in die Einheit zurückkehren soll, auf der Höhe des Lebens verschwinden muß und auch wirklich verschwindet. Wie, werden wir sehen; nur lassen Sie uns vorher sein Auftreten an allen Ecken und Enden nachweisen, womit wir uns nicht im Mindesten von der Bahn entfernen, die direkt unserm Ziele zuführt.

Von den natürlichen Bildungen treten uns, wenn wir, dem Gange des Werdens selbst analog, von den niederen zu den höheren aufsteigen, zuerst die unfreien, die nur in der Einheit mit Anderem, nur durch und für Anderes daseienden entgegen, die das Gesetz ihrer Existenz nicht in sich selber tragen, sondern von außen

empfangen, einer als höhere Macht an sie herantreten=
den Ordnung unterworfen, als bloße Mittel einem
Zwecke dienstbar sind, der nicht ihnen — nein, nur dem
Ganzen eigen ist, zu dem sie als unablösliche Theile ge=
hören. Dann aber begegnen uns, freilich nicht urplötz=
lich, sondern durch eine Reihe von Uebergängen mit
jenen vermittelt, die Gestaltungen, die, sich gleichsam
losreißend von der Kette des Zusammenhangs, unab=
hängig für sich bestehen, die, statt von außen, von ei=
ner ihrem Wesen fremden Macht bestimmt und be=
herrscht zu werden, das Gesetz in sich zurücknehmen, nach
eigenen, inneren Normen leben und weben, mit Einem
Worte: frei sind. Zu jenen zählen wir, ohne Wider=
spruch zu befürchten, alles Elementarische, von dem
dahinschießenden Strom im Felsenschlunde und den tan=
zenden Lichtern im tiefen Walde bis zur schwarzen Ge=
witterwolke am Himmel und dem ihr entrollenden Don=
ner, die Erde mit Berg und Schlucht, Fels und Höhle,
sammt den Krystallen und Stalaktiten drin. Ja selbst
das Moos, das den Granitblock, der Wald, der die
Höhe umkleidet: das ganze Pflanzenreich muß nach
unsern Kriterien als ein unfreies erscheinen; denn wie=
wohl das Gewächs die organische, die Welt der, ihr Ge=
setz als Seele in sich tragenden Wesen eröffnet, wiewohl
jedes für sich, der Grashalm wie die Blume, Strauch
und Baum sich aus der inwohnenden Triebkraft entfal=
tet, gestaltet, so kommt doch, allem Emporstreben der
Einzelnen zum Trotze, die Gesammtmasse der Pflanzen
nimmermehr los von der Gebundenheit an die anorga=

nische Natur, an die sie als die Basis ihres Lebens mit allen Wurzelfasern gefesselt bleibt. Losgerungen aber, abgesprungen von dem niederziehenden Boden, frei ist der in sich ruhende Organismus, das Thier, das sich dem inneren Triebe gemäß nicht nur formt, sondern regt, bewegt und wehrt, und dieser selbstherrliche Organismus wird im Menschen seiner überlegenen Eigennatur so sicher, daß er das Antlitz wendet von dem, was unter ihm liegt, um vorwärts-, um aufzuschauen in's „Freie".

Mit dem Thiere aber beginnt auch das seelische Sein, das sich in der Menschheit zum geistig-sittlichen steigert, und dieses offenbart sich ebenso wenig als ein einfaches, überall sich selbst gleiches; vielmehr wiederholt sich bei ihm in bewußter Weise derselbe Gegensatz, der als ein unbewußter die Region der einfachen Natur beherrscht. Von der einen Seite nämlich ist das geistige Sein ein Leiden, ein ewiges Abhängen von Anderem, eine nicht zu zerreißende Beziehung des Einzelnen auf Natur- und Menschenwelt, also auf ein seiner Subjektivität Fremdes, das ihn — gleichviel ob er im Kampfe damit siege, ob unterliege — fortwährend stimmt und bestimmt, als sein Schicksal über ihm waltet. Oder seufzen nicht so Viele, wenn sie die einstigen Ideale, das was sie wirken und werden wollten, zusammenhalten mit den faktischen Resultaten des Lebens, mit dem, was sie mußten, über des Menschen Ohnmacht und die Unerbittlichkeit des Geschicks? Zittern nicht in hundert und aber hundert Seelen bei ern-

ster Vergleichung des Sonst und Jetzt Schiller's
wehmüthige Worte nach:

> „Wie groß war diese Welt gestaltet,
> So lang' die Knospe sie noch barg;
> Wie wenig, ach, hat sich entfaltet,
> Dies Wenige, wie klein und karg!"?

Ja, mahnt nicht so Mancher, wenn er seiner Tage
letztem entgegenbebt, nur allzu lebhaft an die morsche,
sturmzerzauste Tanne dort am Abhange der jähen Ge=
birgsschlucht, die, die Krone zerschmettert vom Blitze,
den Stamm von Würmern durchbohrt, ihre mühsam
um Felsblöcke geklammerten Wurzeln losgespült, los=
gewühlt von stürzenden Bergwassern, ein ergreifen=
des Klagelied von der unwiderstehlichen Gewalt jener
Mächte rauscht, die trotziger Widerstand nur um so
furchtbarer macht?

Andrerseits läßt sich indeß auch die innere Freiheit
des Individuums nicht verkennen, kraft deren wir ne=
ben dem, leider, so gefesselten Leben nach außen ein
selbsteignes, zwangloses Empfindungsleben in uns zu
führen pflegen, das kein fremder Einfluß entstellen,
keine Macht der Erde uns rauben kann. Dorthin, wo
Wehmuth und Behagen, Leid und Lust nur nach einge=
bornen Gesetzen wechseln, wo die Thräne im Auge des
Triumphirenden, im Munde des Fallenden das stolze
Siegerwort entspringt, dorthin nehmen wir uns aus
jeder Stimmung und Bestimmtheit, in die äußerer
Drang und Zwang uns versetzte, voll und ganz zurück,
um wieder einmal wir selbst zu sein; und eben dann,

wenn unser praktisches Wollen und Streben durch fatale Umstände gar zu sehr mißleitet, wenn uns da draußen Erfolg und Niederlage, Ehre und Schmach, Liebe und Haß in gar zu unverdientem Maße werden, eben dann fliehen wir am Hastigsten in unsre Herzensheimath, in dieses Paradies, dessen Harmonie kein Mißton, dessen reine Verhältnisse keine gewaltsame Störung bedroht, und in dem wir uns so frei und wohl, so recht zu Hause fühlen. Oder trägt nicht Mancher, dem all' sein Thun mißlang, ein wahres Eden in der Brust, dessen lichter Sonnenschein als stille Heiterkeit aus seinen Zügen lächelt? Und wenn der im Leben gescheiterte Tasso sich bei Göthe selig preis't, daß die Natur ihm „Melodie und Rede" ließ, zu sagen, was er leide — was vernehmen Sie da anders, als das aus dem Schlummer erwachende Bewußtsein, daß er die Welt im Busen in Klang und Sang zu Tage bilden könne, um die äußere an ihr zu messen und damit als nichtig aufzuweisen?

Nun aber bildet diese Freiheit mit jener Abhängigkeit, da beide auf dem menschlich-sittlichen Gebiete in einem und demselben Subjekte zusammentreffen, einen auf die Dauer unerträglichen Widerspruch. Ist der Mensch innerlich frei, warum denn in Ketten geboren? Soll und muß er einmal dienen, Sklave sein, wozu dann der freie Sinn, wozu das eingeborne Gefühl der Unabhängigkeit? Seit Menschen zu denken begannen, hat dieses qualvoll uralte Welträthsel sie angegähnt, und Völker und Aeren sind in den Staub gesunken, ohne die Lösung zu finden. Ihre Fragen verspülte die Welle, verwehte der Wind, oder spottend gab sie das Echo zurück. Nichts schien zu bleiben, als der resignirte Gedanke: Was Schicksal sendet, muß der Mensch ertragen, denn Gottes Wege sind nicht unsre Wege!

Doch der Menschengeist zwingt am Ende auch die verschlagenste Sphinx, sich in den Abgrund zu stürzen. Im nie rastenden Laufe seiner Entwickelung regte sich allmälig, erst leise und dunkel, dann klar und unabweislich das Gefühl, daß, was wir Schicksal nennen, nicht im Widerspruche, daß es in Einklang stehe mit dem, tiefinnerster Freiheit entsprossenden Eigensein, daß uns die sogenannte Nothwendigkeit zu eben dem Ziele führe, auf das unser subjektives Wesen von Hause aus hinweis't. Dem Christenthum war der hehre Beruf geworden, diese freilich nicht gleich verstandene Ahnung zuerst in alle Welt hinauszusenden, indem es die Fügungen Gottes als väterliche, der Eigenheit seiner Kinder entsprechende erfaßte und in der vertrauensvollen Liebe zu ihm, dessen Walten ja unsern Strebungen gemäß, durchaus gerecht und wohlgethan sei, eine reizende Brücke über den Abgrund schlug, der Wille und Geschick, Freiheit und Nothwendigkeit bisher so trostlos auseinanderhielt. Die Liebe aber und vollends die Kindesliebe ist ein Band, das nur zwischen Gleichartigen, von Natur Gleichartigen geknüpft werden kann, und so ist denn dem Christen der Lenker seines Lebens kein ihm widerstrebender Fremder mehr, sondern nur ein anderer, reinerer, der reinste Ausdruck seines eigenen Ich's.

Und wie nun — schon Lessing sprach das mit so heller Einsicht aus — aller Glaube die Bestimmung hat, im Laufe der Zeiten Erkenntniß zu werden, so ist auch diese Ahnung von der Sonne der modernen Bildung allgemach durchleuchtet, zu dem erhebenden Bewußtsein verklärt worden, daß es geradezu unser eigenstes Wesen selbst ist, was unser Loos in letzter Instanz regiert; daß jeder entscheidende, endgültige Einfluß auf das freie Subjekt, wie unverkennbar er auch von außen zu kommen scheine, ursprünglich nur von ihm ausgegangen; daß alle Gebundenheit im Grunde ein Sichbinden, die scheinbare Abhängigkeit in Wahrheit Selbstbestimmung, die Nothwendigkeit nichts als Consequenz und Resultat der .... ja, der Freiheit ist. Mit dieser Erkenntniß hat der Mensch sein Schicksal aus dem Jenseits in die eigene Brust zurückgenommen; der aus der natürlichen Welt in die geistige herüberragende Gegensatz ist in letzterer gehoben, in der höheren Einheit seiner Glieder untergegangen, und die, Jahrtausende hindurch Alles überdröhnende Riesendissonanz in den klingenden Weltakkord aufgelöst.

Unter doppelter Gestalt also bietet sich uns das natürliche, unter dreifacher das geistig-sittliche Sein. Und was weiter? — Je nun, ich hätte mich des äußersten Ungeschicks zu zeihen, wenn Ihnen nicht längst in's Auge gesprungen sein sollte, wie sich dieser fünffachen Erscheinungsweise der Weltsubstanz die fünf Künste anschließen, die nach der von uns adoptirten Auffassung

des Ideals allein diesen Namen verdienen. Denn
Tanz= und Schauspielkunst, wie sie z. B. Schil=
ler in der "Huldigung" mit aufführt, bringen es nie
zum vollkommenen Einklange von Form und Inhalt,
weil ihr Material, der menschliche Leib als eine selbst=
ständige, für sich seiende Existenz keine rücksichtslose
Behandlung erträgt und sich deßhalb nur in beschränk=
tem Maße zum Ausdruck der darzustellenden Idee her=
gibt. Was Serlo vom Schauspieler sagt, er schicke
sich in die Rolle, wie er könne, und die Rolle richte sich
nach ihm, wie sie müsse, gilt ebensowohl vom Tänzer
und seiner Aufgabe; hier wie dort keine ausschließliche
Bestimmtheit der Gestalt durch den Gehalt, keine
Kunst. Von den wahren Künsten aber erfassen, wie
sich im Fortgange unsrer Betrachtungen bewähren wird,
Bau= und Bildnerkunst augenscheinlich die bloß
natürliche Welt, und zwar jene das gebundene, nur
im Ganzen Grund und Ziel findende, diese das freie,
aus sich selbst entspringende, in sich selbst mündende
Sein. Die drei andern dagegen verherrlichen das Seé-
len= und vor Allem das menschlich=sittliche Leben. Der
Malerei, die es von seiner abhängigen Seite erblickt,
tritt die Musik als begeisterte Verkünderin der inne=
ren Freiheit entgegen; die Poesie aber verräth schon,
indem sie jene im Epos, in der Lyrik diese begleitet,
wie sie die Streitenden versöhnen, ihre Prinzipien in
sich zusammenfassen möchte, und was sie möchte, er=
reicht sie in der That in ihrem höchsten Aufschwunge
zum Drama, das als ideales Lebensbild den Ursprung

aller Fäden, an denen der Mensch geleitet und verleitet,
zum Siege geführt oder in's Verderben gerissen wird,
in ihm selber, in seinem autonomen Innern nach=
weis't.

Was sich demzufolge sofort als sehr begreiflich, ja
natürlich darstellt, ist die Reihenfolge, in der sich im
Laufe der Geschichte die einzelnen Künste aus= und
durchgebildet haben. Zuerst mußte der Blick der Mensch=
heit auf das an der Oberfläche liegende, rein körper=
liche, räumliche Dasein fallen, das die nothwendige
Voraussetzung, die Grundlage alles bewegten Lebens
bildet, und hier wiederum zuerst von der als eine Ein=
heit durch allgemeine Gesetze beherrschten unorganischen
Masse, dann erst durch den als selbstständiges Wesen
sich abtrennenden Organismus gefesselt werden. Darum
schreitet die Architektur als Kunst der alten Welt
den Schwestern in Apoll voran, ihr auf den Fersen
aber folgt die Bildnerei. Schärfte sich mit der Zeit
das Auge hinlänglich, um in das Innere der Erschei=
nungen, in den Geist als solchen eindringen zu können,
so lag auch hier offenbar am Nächsten das Gewahr=
werden des alle Wesen durchziehenden einheitlichen Ge=
sammtgeistes, dem gegenüber das Einzelleben als ein
zufälliges erscheint, und wie denn das Mittelalter
überhaupt so sehr am unendlichen Geiste hing, daß ihm
die körperliche Gestalt nur für eine möglichst zu besei=
tigende Verdunkelung desselben galt, so trieb auf dem
Boden dieses, auch in und nach dem sechszehnten Jahr=
hundert fortwirkenden Spiritualismus die Malerei

ihre wundervollsten Blüthen. Mit Nothwendigkeit aber folgte dann als künstlerischer Ausdruck der Reformations=Tendenz die Reaktion des dem Menschen in=wohnenden Gefühls seiner subjektiven Freiheit in der Musik, die darum gleichzeitig mit den, durch die Wie=derbelebung des antiken Geistes vorbereiteten humani=stischen Bestrebungen des Luther'schen Zeitalters einsetzte, um in dem, die abstrakte Freiheit des Subjekts vergötternden achtzehnten Jahrhundert ihren Höhepunkt zu erreichen. Erst der ganz modernen Bil=dung war es aufbehalten, die beiden Momente des ver=meintlichen Widerspruchs mit Einem Griffe zu fassen und festzuhalten, den Fatalitätspol mit dem der Spon=taneität zusammenzubiegen und damit die sittliche Welt als eine in sich zurückgehende, in sich vollendete anzu=schauen. Und diese letzte und tiefste Anschauung in der höchsten Gattung der reichsten Kunst, dem Drama auszuprägen, in dieses Drama nach Richard Wag=ner's wohlbegründeter Forderung die andern Künste sammt den Halbkünsten hineinzuziehen und so sie alle wieder zu der Einen Kunst zusammenzuschließen: das wäre die durch Göthe und Schiller, in gewisser Weise schon durch den wunderbaren Shakespeare angegriffene Aufgabe der Gegenwart und — Zu=kunft. Denn, vergessen wir es nicht:

> „Wie Natur im Vielgebilde
> Einen Gott nur offenbart,
> So im weiten Kunstgefilde
> Webt Ein Sinn der ew'gen Art.

> Dieses ist der Sinn der Wahrheit,
> Der sich nur mit Schönem schmückt,
> Und getrost der höchsten Klarheit
> Hellen Tags entgegenblickt.«

Niemand von Ihnen wird einwerfen wollen, der hier gebotenen Auffassung zufolge sei das frühe Auftreten der höheren Künste unerklärlich. Am Baume der Entwickelung setzen, wie an des Waldes Bäumen, die höheren Zweige an, ehe die niederen sich ausgebildet haben, und von der Ausbildung allein war hier die Rede. Auch wird man nicht schließen, es hätte eine Kunst nach der andern untergehn müssen, so bald die in der historischen Folge über ihr stehende zur Blüthe gelangt sei. Bleiben doch die Objekte aller Künste bestehen und bieten sich ewig den nicht minder fortdauernden verschiedenen Arten, sie anzusehn. Nur das Eine kann man behaupten, daß immer und überall die sämmtlichen Einzelkünste im Style mehr oder weniger zu derjenigen hinneigen, die dem Standpunkt der Zeit und des Volkes vorzugsweise entspricht. So herrschte im Orient der architektonische Styl selbst in der Skulptur, in Griechenland der Skulpturstyl in Baukunst, Malerei und Poesie; alle Kunstleistungen des späteren Mittelalters hatten einen malerischen, die der Uebergangsperiode einen musikalischen, und die heutigen haben entschieden poetischen, ja geradezu dramatischen Anstrich. Verdrängt ist keine der Fünf; wir malen noch zu dieser Stunde trotz einem Correggio und Raphael, musiziren trotz Händel und Gluck, und selbst zu bauen und in Marmor zu hauen haben wir nicht aufgehört, wenn auch ob mancher architektonischen und plastischen Gebilde des Tages ein Skopas und Michel Angelo sehr verdächtige Blicke wechseln würden. Nur zuzugreifen hat, wer den schöpferischen Drang im Busen fühlt. Er orientire sich bei Zeiten, und behauptet der Sinn für die greif- und haltbare Gestalt, in der die einfache Natur sich bietet, das Uebergewicht in ihm, so wähle er zwischen den älteren — zwischen den neueren Künsten dagegen, wenn es ihn mit Uebermacht zur rastlos lebendigen Geisterwelt hinzieht. Die engere Wahl wird sich von selbst bestimmen. Je nachdem er mehr rezeptiv oder energisch angelegt, mehr zum Dulden oder zum Eingreifen geartet ist, mehr Spinoza's klaren Blick für die dominirende Gesammtordnung, oder Fichte's heißes Gefühl für die freien Lebensäußerungen des Subjekts besitzt, wird er entweder die Einheit des Alllebens, in dem der Einzelne nur als integrirender, durch generelle Gesetze bedingter Theil figurirt, oder dieses Einzelne als Universum für sich mit Vorliebe zur Anschauung bringen, d. h. nur schwanken können zwischen Architektur und Malerei, zwischen Skulptur und Musik. Hat sich aber ein Mann in Folge durchgreifender Selbsterziehung jeder Einseitigkeit entschlagen, hat er wie Göthe die grenzenlose Hingebung, zu der er inclinirte, durch energische Zurückhaltung allmälig der Herrschaft des Willens zu unterwerfen, zu einer freien zu machen, oder wie Schiller die schrankenlose Freiheit, die ihm zuerst als abstrakter Gegensatz gegen jeg-

liche Abhängigkeit vorschwebte, durch demüthige Selbst-
überwindung zu einer sich beschränkenden, die Hingabe wollenden hinaufzuläutern gewußt und betrachtet die ganze sittliche Welt von dem großartigen Standpunkte, der sich ihm dabei ergeben — nun, so lege er
getrost Hand an die Poesie, und zwar an „die Poesie
in der Poesie", an das Drama!

Verzeihen Sie, wenn ich aus Besorgniß, nicht deut-
lich genug zu reden, weitschweifig geworden und die
Punkte, auf die mir's hauptsächlich anzukommen schien,
wiederholt berührt habe, statt einmal darauf hinzuwei-
sen. Bei dem mir nun auferlegten Eingehen auf die einzelnen Künste darf ich um so rascher verfahren, da ich, weit
entfernt von der Anmaßung, den unermessenen Reich-
thum einer jeden mit wenigen Götterworten erschöpfen
zu wollen, hier nur die Absicht haben kann, das bereits
Angedeutete in helleres Licht zu setzen. Vielleicht trifft
sich's nebenher, daß da oder dort ein neuer Gedanke —
nicht sowohl von mir ausgesprochen, als vielmehr in
Ihnen angeregt wird.

Beginnen wir, was keiner weiteren Rechtfertigung
bedarf, mit der:

Architektur. — Jedes beachtenswerthe Gebäude,
von welcher Art es auch sei, hat die Bestimmung, einen
entsprechenden Aufenthaltsort für den Einzelnen, die
Familie, irgend eine Gemeinschaft oder endlich für den
im Symbole gegenwärtigen Gott abzugeben. Als na-
türliches Vorbild drängt sich, ohne daß ein Bewußtsein
darüber vorhanden wäre, wie von selbst das anorgani-

sche Gerüst des Universums, das Weltgebäude, des Dichters „altes Erbenhaus" mit Einschluß seines vegetabilischen Schmuckes auf, das einerseits die ebenso solide, wie anmuthige Stätte alles individuellen Lebens, andrerseits Wohnung und Werkstatt, wie zugleich Abbild des göttlichen Geistes ist. Betrachtet man diesen gigantischen Bau mit ästhetischem Auge, so schimmert allenthalben eine feste, geregelte Gliederung daraus hervor, kraft deren jeder einzelne Theil, aller Selbstständigkeit und eigenen Geltung entbehrend, nur durch seine Beziehung auf andre Theile, sein dienendes Verhältniß zum Ganzen Bedeutung erlangt, gleichviel ob er als wasserscheidender Gebirgsrücken, als Continente verbindende Landzunge eine construktive oder als formenreiches Wolkengebilde, als teppichartig hingespreiteter Wald eine ornamentale Rolle spiele. Das Ganze läßt eine strenge Einheit symmetrischer Gegensätze, eine Abgemessenheit, Regelung und Ordnung bis in's Kleinste hinein errathen. Nur tritt diese, vielfach verdeckt und im Einzelnen durch Zufall entstellt, nicht auf allen Punkten in jener Reinheit zu Tage, die vom Vollendet-Schönen gefordert werden muß, und so wird es des Architekten Aufgabe, die geahnten Intentionen des schaffenden Geistes ohne Fehl durchzuführen und das den natürlichen Weltbau durchziehende Gesetz in seinem Kunstwerke dergestalt zu verkörpern, daß es aus jedem Zolle desselben sonnenklar hervorblitze. Die im Vorbilde häufig verschleierte, gestörte, unterbrochene Regel- und Verhältnißmäßigkeit muß in seiner Schöpfung leibhaftig vor uns stehen: dann ist sie, soweit das ohne individuelle Lebendigkeit im Bereiche der Möglichkeit liegt, schön.

Der künstlerische Bau hat demnach ein von seinem speziellen Zwecke ganz unabhängiges Prinzip. Er soll das anschauliche Bild einer in idealer Weise proportionirten Stoffwelt sein, in deren Ganzes sich jede einzelne Partie leicht und sicher einfügt, hier hebend, tragend, dort ruhend, gehoben oder als leichte Zierde sich anlehnend, hinrankend, keck aufsetzend — einer Welt, in der die verschiedenen Kräfte sich ebenmäßig gegen einander wiegen und bei allem Aufgehen in die Einheit noch Trieb und Muße haben, sich selbst und damit wieder das Ganze heiter zu schmücken, so daß sie nicht unter trostloser Frohnarbeit zu keuchen, sondern in williger Dienstbeflissenheit sich zu behagen scheinen. „Die Baukunst — bemerkt Vischer so einfach, wie wahr — will uns sagen: die reinen Urformen, aus deren unendlicher Verbindung auch die organischen Gestalten bestehen, ziehe ich heraus aus der unorganischen Masse, wo sie unbestimmt angedeutet liegen, und zeige durch eine freie, krystallähnliche Verbindung derselben, was Alles aus ihnen werden kann. Das ist der geheimnißvoll hohe Reiz, der in diesen klaren, scharfen Umrissen, diesen solid gestreckten Massen mit den kräftigen Schlagschatten, diesen reinen Gegensätzen und Lösungen dieser Gegensätze ruht; es ist das andeutende Schema des Kosmos in seiner innern Unendlichkeit, was aus dieser Sättigung der Gegensätze des Schweren und Stützen-

ben, des Senkrechten und Wagrechten, des Aufstreben=
ben und Abschließenden hervorspringt."

Der hier als Wesen der Architektur ausgesprochenen
freien Verbindung der Urformen, bei welcher die spe=
zielle Art dem Künstler überlassen bleibt, würde sich
nun kein Hinderniß entgegenstellen, wenn wir vom Ge=
bäude nichts weiter forderten, als von Statuen und
Gemälden. Indessen hat bekanntlich der Bau einem
ihm fremden, einem praktischen Zwecke zu dienen, hat
gewisse Bedürfnisse zu befriedigen, und die Rücksicht
darauf geräth, wenn auch der geniale Meister sie ohne
Störung für sein Werk zu beobachten vermag, allermeist
in bedenkliche Collision mit der Grundidee. Da wird
denn etwas vom Bedürfniß, noch mehr von der Idee
geopfert und es erstehen die unreinen, halbschönen oder
vielmehr, sintemalen sich mit der Schönheit absolut
nicht markten läßt, unschönen Bauten: die Landhäu=
ser und Luftschlösser, die Privat= und öffentlichen Ge=
bäude der Städte, wie wir sie täglich vor Augen sehen.
Sogar bei Grabmälern pflegen so viele Launen und
Nebengedanken eingeschwärzt zu werden, daß sie die
Feuerprobe der Kritik selten aushalten. Am Wenigsten
leidet unter solchem Conflikte der Tempel, denn bei
seiner Errichtung waltet, kann vernünftiger Weise keine
andre Absicht walten, als das große Haus, das der
Weltgeist selbst sich gezimmert, in einer idealen Form
im Kleinen nachzubilden, als würdige Stätte für seine
Statue, seinen Altar, den lebhaften Gedanken an ihn —
als Sammelplatz aller Derer, die ihn suchen. Wohl

gibt es auch hier mehr als Eine Nebenrücksicht, wie die auf Schall und Beleuchtung; nur müßte der Architekt ein rechter Pfuscher sein, der sie nicht nach dem Vorgange der Natur mit seiner Idee zu vermählen wüßte, ohne die letztere irgendwie zu beeinträchtigen. Darum ist die Kirche das reinste Probukt der Architektur, das Bauwerk par excellence, und mit vollem Rechte wird ihr in jeder Kunstgeschichte das Hauptinteresse zugewandt.

Sähen nun alle Baukünstler das Naturganze von demselben physischen und geistigen Standpunkte aus, so würden wir uns im Wesentlichen nur Eine wahrhaft schöne Kirche vorstellen können. Einmal aber denkt man sich absichtslos dieses Ganze nach Analogie der besonderen Form, unter der die anorganische Natur einschließlich der Vegetation in der Heimath auftritt, und dann schaut, was nicht minder zu beachten ist, jede Nation, jede Zeit, jede Bildungsstufe den Kosmos mit andern Augen an. Daraus entstehen, im Anschlusse also an die Eigenthümlichkeit der objektiven Naturverhältnisse und die Betrachtungsweise des Subjekts, verschiebene Baustyle, von deren Mustern, dafern nur das vorschwebende Bild eines maßvoll georbneten Weltgebäudes mit ganzer Treue in den Stein überging, dem vorurtheilsfreien Kunstsinn eines so werthvoll ist, wie das andre. Freilich dürfte gerade hier die reine Unbefangenheit äußerst selten sein; den Grund werden Sie leicht aus einer Bemerkung eruiren, die ohnedies sofort gemacht werden muß, weil sie uns eine neue,

höhere Bedeutung des architektonischen Kunstwerks er=
schließt.

Nach der Art, wie ein Volk, überhaupt eine Gemein=
schaft gleichgebildeter, in Empfindungs= und Denkweise
übereinstimmender Menschen sich Ordnung und Zusam=
menhang der physischen Welt vorstellt, gestaltet sich,
nicht in gewollter Weise, sondern kraft der natürlichen
Einheit des menschlichen Wesens, auch ihr gesell=
schaftlich=sittliches Leben, so daß jene in diesem ge=
spiegelt erscheint. Der Bau also, der die Vorstellung
einer Nation, einer Zeit vom anorganischen Weltgan=
zen zu durchsichtigem Ausdrucke bringt, wird zugleich
symbolisch ihre sittlich=religiöse Anschauung und die
darauf ruhende Ordnung ihres Sein's aussprechen.
Am Auffallendsten gewahrt man das bei einem verglei=
chenden Blicke auf die beiden Gebäude, die den schärf=
sten Contrast in der Geschichte der Architektur bilden:
auf den hellenischen Tempel und den gothischen
Dom. Von ersterem sah wohl schon Jeder, moderner
Nachbildungen zu geschweigen, eine phelloplastische
Miniatur=Copie oder wenigstens genaue Zeichnun=
gen; von letzterem dagegen haben Sie beständig ein
Prachtexemplar vor Augen und — hoffentlich auch im
Herzen!

Der griechische Tempel, dessen einfach ernste
Grundform der dorische mit seinen primitiven Trigly=
phen und Metopen bildet, ist ein einfacher Säulenbau
mit flacher Decke, mit horizontalem Gebälk. In ur=
kräftigem Triebe strebt jede einzelne Säule als ein un=

abhängiges Wesen vom gemeinsamen Grunde auf, of=
fenbart ihren fröhlichen Selbstgenuß in den Verzierun=
gen des Schaftes, im Ornament des Kapitäls, das sich
bei'm korinthischen Bau zu üppiger Pracht entfaltet,
und alle zusammen heben sich in rhythmisch gegliieder=
tem Spiele der Decke entgegen. Die Dachlinie aber,
die mit dem Boden parallel, an ihm hinläuft, leidet
kein weiteres Aufsteigen; unerbittlich schneidet sie alle
Säulen in gleicher Höhe ab und nimmt jede einzelne in
die Einheit des Ganzen zurück, das sich fest und nahe
an den Busen der Mutter Erde schmiegt.

Wer sähe da nicht ihren Grundzügen nach die repu=
blikanische Verfassung des griechischen Lebens, die
jedes Individuum, das dem Boden des Vaterlands
entsprießt, zu Ehren des Ganzen in unverkürzter Frei=
heit gewähren, sich in eblem Wettstreit mit seines Glei=
chen wohlig entwickeln, stolz erheben läßt, so lange es
dem gleichberechtigten Andern nicht zu nahe tritt, um
es dann in seiner ganzen Kraft und Schönheit zurück=
zufordern für den Dienst des Staates, dessen Stütze
zu sein die höchste Ehre, über den sich erheben zu wol=
len ein Hochmuth ist, der ohne Gnade gefällt wird?
Wer läse nicht aus dieser Lapidarschrift den Fundamen=
talsatz der beim Irdischen sich bescheidenden, von trans=
cendenten Gelüsten unbehelligten Naturreligion, daß
alles freie Einzelleben aus dem Schooße der Allmutter
nur hervorgehe, um ebendorthin zurückzukehren, daß
in der frommen Kindestreue gegen sie, im dankbaren
Sichanschmiegen an ihre Brust aller Tugenden Urquell

ſprudle und jegliches Streben, ſich der heiligen Natur und ihren Geſetzen zu entringen, vom unerbittlichen Fatum, das unnahbar über Göttern und Menſchen ſchwebe, als trotzige Vermeſſenheit zurückgewieſen, gebrochen werde. Dem Hellenen zieht das Schick=ſal, die Naturnothwendigkeit denſelben Strich zwi=ſchen Himmel und Erde, den am Tempel die Dachlinie bildet.

Wie ganz anders der gothiſche Dom, in dem jener ſchwungvolle Bogen, den die antike Baukunſt nur als Dekoration zu verwenden wußte, in ſeiner aufgerecktc=ſten Geſtalt, als Spitzbogen, zur Seele des Ganzen geworden! Vergebens ſuchen Sie hier die reſignirte An=lagerung an den Boden, vergebens nur eine horizon=tale, mit der Erde parallele Hauptlinie. Die aus dem Grunde aufſchießenden Säulen oder vielmehr die ſpring=quellartigen Säulenbündel werden nicht gewaltſam ab=gebrochen; in großartig ſchönem Schwunge fahren die Einzelkräfte aufwärts auseinander, durch nichts gehin=dert, wetteifernd den Weg nach oben zu verfolgen, ſo weit die eigene Ausdauer reicht, und erſt, wo dieſe zu ſchwinden beginnt, ſchließt ſich jede mit den ihr entge=genkommenden Schweſterkräften im reich gegliederten Gewölbe zuſammen, wo eine an der Bruſt der andern zu ruhen, das betrübende Gefühl ihrer Unzulänglich=keit in den Tropfen ausweinen zu wollen ſcheint, mit denen man ſinnig genug die Schneidepunkte der Ge=wölbrippen hier und da verziert hat. Sie ſammeln ſich dort, wie der Betende drunten, über dem ſie das schützende Dach weben; sie sammeln sich und zwar, wie auch er es thun sollte, eigentlich nur, um diese Samm= lung zur Basis neuer und höherer Strebungen werden zu lassen, die alsbald mit concentrirter Energie in den Thürmen aufsetzen. Da geht's denn um so raketenhaf= ter den Wolken zu, als die Erde, schon tief unten lie= gend, mehr und mehr von ihrer niederziehenden Kraft verloren. Aber auch hier sind die Kräfte nicht gleich; wie an der ganzen Außenseite des Bau's die schwächeren zurückblieben, absprangen, in den Kreuzblumen der Spitzsäulen und Wimperge verdufteten, so wird auch hier mit zunehmender Höhe der Auserwählten Häuflein kleiner und kleiner, aber sie fassen sich um so fester, strecken sich um so straffer, und bleibt endlich nur die stärkste allein und todesmatt zurück, gleich dem sterbenden Roland am Tage von Ronceval — nun, so hebt sie we= nigstens das Zeichen des Ueberwinders, hebt das **Kreuz** triumphirend in den Aether empor.

Und was erzählt denn solch' eine kolossale Pyramide? Die in eine monarchische Spitze auslaufende **Feudal= aristokratie** des Mittelalters mit ihren auf= und übereinander gepflanzten Kasten, je niedriger gestellt, desto zahlreicher und gedrückter — je höher, desto freier und kleiner; Eine Existenz auf die andere steigend, sie nur als Schemel, als Stufe und Leitersprosse benutzend; die Bauerschaft der Sockel, Gewölbträger des Schiffs die in mannigfachen Corporationen elastisch aufstreben= den Bürger; auf ihrem Nacken der pyramidal abgestufte Adel und über diesem sein ewiges Kreuz, der Kaiser:

wahrhaftig, das heilige römische Reich darf keinen bes=
sern Historiographen erwarten.

Den sittlich=religiösen Standpunkt des Mittel=
alters aber verräth schon der lässigste Blick auf seine fast
skelettschlanke Cathedrale, die in ihrer leichten Durch=
sichtigkeit eher von Elfen aus Sommerfäden gewebt,
als von Menschenhänden aus massivem Stein gehauen
scheint. Ihm galt es für unsern Beruf, uns loszuma=
chen von der Erdenschwere und allem Sinnlichen, was
daran haftet, uns auf ascetischem Wege allmälig zu
entkörpern, zum abstrakten Geiste zu sublimiren, uns
aufzuringen, auf den Flügeln verzückter Andacht, rast=
loser Sehnsucht nach dem Ueberirdischen emporzu=
schwingen in jene seligen Räume, wo fern, jenseit der
Wolken, das Heilige persönlich thront. Aus dem ganzen
Steinwalde tönt unaufhörlich das Eine Lied:

> „Flieh', o flieh' den Erdentand,
> Droben ist dein Heimathland!" —

Sie sehen, was die beiden Bauten andeuten, ist die
Weltansicht des ganzen hellenischen Volkes, der ganzen
katholischen Christenheit. Im Wesentlichen sind sie also
den Gemeinschaften im Ganzen, nicht der indivi=
duellen Phantasie eines Einzelnen entsprossen. Und so
ist es mit allen Stylbauten; der Architekt ist nur das
mehr oder minder gleichgültige Organ, durch das sich
die Gesammtanschauung ausspricht, und großes Un=
recht widerfährt ihm schwerlich, wenn, wie das meistens
geschieht, das Werk des Erbauers Namen um Jahr=
hunderte, um Jahrtausende überlebt.

Damit aber wäre, wenn ich nicht irre, auch der Punkt berührt, von dem aus über die nicht selten angeregte Frage nach der Stellung der Gegenwart zur ältesten der Künste ein Urtheil zu gewinnen ist. Unsre Zeit, klagt man, habe keinen Baustyl, und in Wahrheit sehen wir die Architekten des Jahrhunderts entweder alte Style copiren, variiren und combiniren oder mit einer Willkür, die oft an's Empörende streift, ohne allen statischen Halt aus eitel Zierrathen und Schnörkeln ein Ding zusammenstoppeln, das sie ein Gebäude nennen. Wer da glaubt, ich übertriebe, der weide sich, um Näherliegendes als obiös zu übergehen, an dem ohnlängst in Kalendern abgedruckten Plan zur neuen Kirche der Chaussée d'Antin in Paris oder, falls das Unmögliche Thatsache geworden sein sollte, an der Kirche selbst. Fehlt es uns nun, weil wir des originalen Baustyl's ermangeln, an jeglicher scharfgefaßten Natur= und Lebensansicht? Geben wir uns weder über die physische Welt, noch über Wesen und letzte Ziele des Geistes bestimmte Rechenschaft? Wer das zu behaupten Lust hätte, könnte sich durch einen Blick in die Literatur vom Gegentheil überzeugen, könnte sich von Tribüne, Catheder und Kanzel herunter, im Eisenbahn-Waggon und an der Table-d'Hote widerlegt hören. Umgekehrt liegt das Uebel darin, daß wir solcher Ansichten zu viele haben, weil der philosophische Indibidualismus des achtzehnten Jahrhunderts heuer in Fleisch und Blut der Masse übergegangen ist. Weltanschauungen zu Tausenden, aber keine durchgreifende,

keine gemeinsame! Ob gern oder ungern, wir müssen
zugestehen, daß die Zeit in einem Gährungsprozesse
begriffen ist, der, beiläufig gesagt, schon vor dreihun=
dert Jahren begonnen. Kein Zweifel, es wird zur Ab=
klärung kommen; aus der Vermählung des antiken und
mittelalterlichen Lebensprinzips wird und muß das neue,
höhere in klarumrissener Gestalt, mit zwingender Gewalt
hervorgehn, und dann bauen wir vielleicht auch wieder:
nicht griechisch, nicht gothisch, nein, anders als Beide —
nicht die Lebas und Lesueur, die Schinckel und
Klenze, nein, wir selber, die Gesammtheit. Wollen
wir mittlerweile klagen über die Länge des Interim's,
ängstlich fragen, wann das ersehnte Ende nahe? Hüten
wir uns; die Geschichte mißt man nicht nach einer Gen=
fer Cylinder=Uhr!

Doch wir müssen eilen. Was alle Bauten ohne Un=
terschied künstlerisch darzustellen streben, ist, wie wir
sahen, das Schema des Kosmos, das Weltgebäude als
strenge Einheit sämmtlicher anorganischer Gebilde.
Die einzelnen Theile des Gebäudes stimmen ebenso zu=
sammen, wie die einzelnen Töne der Symphonie, weß=
halb Schlegel die Architektur immerhin gefrorne Mu=
sik nennen mochte. Sie entsprechen in idealer Form den
unfreien Einzelgebilden, die nur im Zusammenhange,
nicht für sich reprobuzirt werden können, weil sie nur
im Zusammenhange, nicht für sich existiren. Wie aber
in der Natur die Krystallform nach und nach in vege=
tabilische und animalische Zelle übergeht, wie einst der
sich entwickelnden Erde die Pflanze gleichsam als Traum=

bild des höher organisirten Individuum's entblühte, das sie, sobald es ihrem Schooße entsprungen, frei zu lassen gedachte: so träumt auch die Kunst auf ihrer ersten Stufe, wenn sie den Bau mit Blättern und Blumen schmückt, bereits von der selbstständigen Nachbildung freier Einzelwesen, zu der die Architektur durch immer lebendigere Ornamente hinüberleitet — von der Plastik, Bildnerei, Bildhauerkunst oder, wie man sie am häufigsten, wenn auch nicht am Genügendsten bezeichnet, der:

Skulptur. — Wenn Sie in einen großartig schönen Tempel träten, in dem auch nicht Eine Statue zu erblicken wäre: gewiß, Sie würden die Nothwendigkeit fühlen, mit der die Architektur zur Bildnerei führt. Es würde Ihnen so bange werden, als ständen Sie in einer paradiesischen Gegend, die weit und breit keine Spur von lebendigen Wesen erspähen ließe. Der Bau gibt den Raum, aber welche Oede im todten Raume! Freilich kann er durch Menschen belebt werden, und die Oede ist verschwunden; nur bedarf es, um ihn, den idealen, würdig auszufüllen, auch idealer Gestalten, und die kann nur eine zweite Kunst liefern, indem sie die Welt der selbstständigen Organismen ebenso verklärt, wie ihre Vorgängerin die des anorganischen Sein's. War aber diese als zusammenhängendes Ganze nur mit Einem Griffe zu fassen und folgerecht nur in Einem Kunstwerke zu reproduziren, so geht jene in eine Mannigfaltigkeit von unabhängigen Einzelgebilden auseinander, von denen jedes seinen Künstler, sein Kunstwerk fordert; genügt Ein Bau zur Darstellung des Erdenhauses, so kann sich das freie Leben in ihm nur in einer Menge von Bildhauerarbeiten spiegeln.

Doch ist's denn auch wahr, daß die Skulptur das freie Leben und nichts als dieses zum Objekte hat? Nun, was sie in alter und neuer Zeit hervorgebracht, d. h. als autonome Kunst hervorgebracht, ist ja da, uns diese Frage sofort zu beantworten. Haben die Griechen jemals versucht, den Olymp, den Engpaß von Thermophlä oder die Eiche von Dodona in Marmor zu bilden? Meißeln unsre Plastiker den Vesuv, die Via Mala in Graubündten, die Basaltkuppen des Westerwaldes oder gießen eine Platane, einen Rosenstrauch in Erz? Nein! — Und warum nicht? Etwa, weil unüberwindliche technische Schwierigkeiten sie abschreckten? — Wer möchte so reden, da, der federleichten Nachahmung von Erd- und Steingebilden zu geschweigen, das Formen eines Baumes, einer Blume kaum den kleinsten Theil der Herrschaft über das Material erfordert, die in den Schleiern der alten Frauenstatuen, in ihren Doppelgewändern, wo durch die transparenten Falten des Ueberwurfs die der unteren Hülle matt, aber in reinster Zeichnung hervorschimmern, ihre Triumphe feiert. Nein, die erwähnten Vorwürfe sind nicht für den Bildner, weil Berg und Fels und Schlucht nur Stücke des Erdganzen sind und die Pflanze, ein ewiger Gefangener, im Boden wurzelt, von dem sie nur um den Preis ihrer Existenz sich trennen kann. Die Erde mit Allem, was unablöslich an ihr hängt, gehört dem Architekten — bei ihr hat die Skulptur nichts zu suchen. Nur was sich losreißt aus dem äußern, sichtbaren Zusammenhange, sich selber trägt, sich selbst bewegt, was eine abgeschlossene Welt in sich, einen Mikrokosmos bildet: nur **das** ergreift und verherrlicht sie mit innigem Wohlgefallen. Darum beginnt ihre Thätigkeit beim **Thiere** und zwar erst bei den höhern Gattungen, deren Freiheit und Selbstherrlichkeit in's Auge springt, um von da — nicht ohne abenteuerliche, aber bedeutungsvolle Combinationen von Thier- und Menschenleib, unter denen die **Sirenen** und **Centauren** besonders charakteristisch sind — zum König im Reiche der Creatur, dem **Menschen** selber überzugehen. Da eröffnet sich denn ein herrlich weites Feld. Auf der einen Seite des Knaben zartkräftige Gestalt, der Jüngling in schwellender Blüthe, in ruhender Stärke der Mann, der in sich zurückgehende Greis endlich, dessen ehrfurchterweckendes Wesen mit den lieblichen Zügen einer zweiten Kindheit durchflochten ist, und wiederum fast auf jeder Altersstufe die Mannigfaltigkeit der Temperamente, natürlichen Stellungen und Bewegungen; andrerseits das ahnungsvolle Mädchen, die Jungfrau in ihrem ewig unaussprechlichen Reize, das entfaltete Weib in seiner Würde, bald ernst und hehr, bald hingegeben warm oder als Ausdruck der reinsten Liebe, die der Natur jemals entspringen kann, der Mutterliebe. Schauern vor Lust muß der Künstler, der in dieses überreiche Gebiet nur so hineingreifen darf; was er faßt, ist edel, heilig, göttlich, und das Höchste, was er so nach dem Bilde der Menschen schafft, sind — die Götter selbst. Oder hat nicht Phidias, des homerischen Gedichtes Wink benutzend, in seinem Zeus den Griechen ihren persönlichen Gott erst gegeben? Und was wären die Bilder einer Here und Aphrodite, einer Demeter, Hestia, Artemis und Pallas, des Poseidon und Apollon, Hephästos, Hermes und Ares — Bilder, durch welche die Vorstellung vom subjektiven Wesen dieser Götter erst fixirt wurde, was wären sie anders, als die idealen Abbilder menschlicher Typen? Kein Zweifel, die ganze Tafelrunde des Olymp's ist echt menschlich, wie ja auch gewaltige Sterbliche in ihre Mitte versetzt werden konnten, und die zahllosen Götterbilder der Hellenen werden uns demnach nicht hindern, als den eigentlichen Vorwurf der Bildnerkunst den Menschen zu bezeichnen.

Wie aber? Da wären wir ja nicht mehr innerhalb der Grenzen des unmittelbaren, natürlichen, sondern bereits mitten im bewußten, im geistigen Sein. — Bitte um Verzeihung! Den Menschen, der am Einen nicht minder, als am Andern Theil hat, kann man ausschließlich von der Seite des selbstbewußten Geistes. ebensowohl indeß als bloße Natur anschau'n, und wenn sich ergeben sollte, daß die Skulptur durchweg letzteres thut, so wäre, mein' ich, das scheinbar gewichtige Bedenken gegen die Stichhaltigkeit unsrer Gliederung der Künste beseitigt. Dem aber ist unverkennbar so, indem uns der Bildhauer, der Erzgießer nur die in der Gestalt Fleisch gewordene, als Leib sich ausdehnende

Seele verführt — die Seele, so weit sie sich in greifli=
cher Form, in Wuchs und Gliederbau, also ohne Zu=
thun des Objekt's ausspricht. Er bringt uns den Men=
schen, wie er aus den Händen der Natur hervorgeht,
als ein aus seinem Innern sich entfaltendes Gewächs,
als ungeschiedene, man möchte sagen: noch schlummernde
Einheit von Leib und Seele, in der das Physische der
Psyche, wie der Baum der Dryade, genau und seinem
ganzen Umfange nach entspricht. Es ist dieselbe Ein=
heit, über die das Thier nicht hinauskommt, und daß
auch dieses, wie wir fanden, Objekt unsrer Kunst ist,
mag uns als bedeutsamer Wink gelten. Den qualita=
tiven, den spezifischen Unterschied zwischen Mensch
und Thier kennt die Skulptur nicht, und wenn sie sich
trotzdem mit Vorliebe dem Ersteren zuwendet, so wirkt
hier der natürliche Zug der Verwandtschaft, der Alles
zu seines Gleichen zieht. Nur so erklärt sich ja auch, daß
kaum ein Götterbild in Hellas größeren Ruhm genoß,
als die nach ihrem Kalbe brüllende Kuh, die Meister
Myron von Eleutherä in Erz gegossen, und daß man —
nicht zu reden von dem auf lebhaftem Gefühl der Gleich=
artigkeit beruhenden nahen Verkehr, in dem die bil=
dende Kunst Götter und Menschen mit den Thieren
zeigt — die Verwandlung des Zeus in einen Stier,
in einen Schwan nicht nur harmlos erzählte, sondern
die Europa auf diesem krokosduftenden Stiere rei=
tend, den olympischen Schwan in innigster Gemein=
schaft mit einer Leda ohne alle Scheu in Stein und Erz
übertrug.

Was vom Innern des Menschen nicht in räumlicher Form zu Tage tritt, ist für die Plastik nicht vorhanden, würde demgemäß auch in ihrem Material, mit ihren Darstellungsmitteln gar nicht zu geben sein. Ein schwächlicher, hinfälliger Körper ist ihr der Ausdruck innerer Kraftlosigkeit und Caducität, in festen, gedrungenen Muskeln erblickt sie die Gewähr innerer Stärke und Energie, und nur in weichen, sanften Formen kann ihr die Herzensmilde, die Seelenfreundlichkeit erscheinen. Ein liebenswürdiges Mädchen, das häßlich wäre, ein schmächtiges Männlein als Held, ein Weiser mit platter Stirn, aufgeworfenen Lippen und linkischer Haltung — lauter Vorwürfe, die der Poet, zum Theil auch der Maler nicht zurückweisen wird, sind für den Bildhauer widersinnig. In ihnen ist bereits die Entzweiung, die Spaltung, der Widerstreit des inneren und äußeren Sein's vorausgesetzt, wovon Jener noch nichts weiß. Dort steht der Geist, von der Natur abgefallen, dieser als ein für sich existirender unabhängig, ja feindselig gegenüber, während ihn der Plastiker noch selig in den Armen der Natur liegen, sich wiegen sieht. Seine Gestalten haben keine Ahnung von einem Unterscheiden zwischen subjektivem Ich und objektivem Gattungsinhalt, von zagender Selbstkritik, Zerfallenheit mit sich und all' der Qual, die sich an's Gewissen heftet; ihr Geist ist ihre Natur, und was sie sind, sind sie mit Freuden, mit einem Stolze, auf den der Beschauer fast neidisch zu werden sich nicht enthalten kann.

So ist denn auch, was sich uns in dem ewigen Mar=
mor, dem Aeonen trotzenden Erze vorstellt, nicht eigent=
lich der Einzelne, der vom normalen Menschensein
beliebig, zufällig, in unbezeichenbarer Weise und un=
meßbarem Grade abwiche; nein, es sind die sich fort=
zeugenden, bleibenden, selbst ewigen Typen der mensch=
lichen Gattung und ihrer Arten. Eine Gestalt steht da
im Namen der Gesammtheit von ihres Gleichen; als
Concentration der ganzen Natur in sich ruhend, also
entweder ohne alle Erregung oder in Affekten, die die=
ser Natur selbst, nicht einem Fremden entspringen, be=
zieht sie sich nur auf sich, bedarf und duldet in der Re=
gel keine Umgebung, keinen Hintergrund, keine zweite
Gestalt neben sich, weßhalb wir die, allerdings auch
mit äußerlichen Schwierigkeiten behafteten Gruppen
nur da vorfinden, wo, wie bei den Grazien, das Ob=
jekt des Künstlers die Eine Gestalt ist, zu der eine, ihrer
Natur gemäße Beziehung eine Mehrheit von Indivi=
duen verschmilzt, oder wo er — über die Grenzen sei=
ner Kunst hinausgeht.

Daraus aber, daß die Skulptur den Menschen selbst
als Naturwesen feiert, erkennt man leicht, warum die
Hellenen, deren Formensinn sich überdieß in der hei=
teren Lust, dem wunderbar klaren Lichte ihres Landes
so rein entwickeln konnte, sie mit solcher Liebe cultivir=
ten, während sich die christliche Zeit von ihr zurückzog.
Der Hellene in seiner naiven Kinderunschuld, der die
Scheidung von Geist und Leib noch nicht vollzogen hatte,
betrachtete diesen, wie alles Natürliche, unmittelbar

als das Göttliche selbst, hatte seine fromme Freude daran und mußte ihn nothwendig für ein hochwürdiges Objekt der Kunst halten. Ihm, dem nichts über die unverhüllte Natur ging, der seine Jünglinge bei den gymnastischen Spielen unbekleidet auftreten ließ und mit lauterstem Wohlgefallen an der Schönheit eine Phryne in's Bad steigen sah, war das grandiose Muskelspiel an einem Herkules und Laokoon so heilig, wie die süße Harmonie in den Formen einer Helena, einer Anadyomene; die sinnliche Ueppigkeit der bacchischen Gestalten nicht minder, als die duftige Blüthe im jugendlichen Apoll. Was Wunder aber, daß das Mittelalter, nachdem es Geist und Natur erbarmungslos geschieden, dem abstrakten Geiste als dem ausschließlich Göttlichen die abstrakte Natur als ein Verworfenes, als die incarnirte Sünde entgegengesetzt und dem Menschen die etwas triste Aufgabe gestellt, die Natur in sich zu ersticken, keine weitere Verherrlichung dieser Natur zu dulden geneigt war?! Bei klarem Bewußtsein über das Wesen der Plastik als der Priesterin des Fleisches hätte es sie sogar mit Unwillen zurückweisen, als Erzketzerin verfolgen müssen. Doch solch' ein Bewußtsein fehlte; unermüdlich hoffte man sie zum Katholizismus bekehren zu können und ahnete nicht, daß da, wo es einmal gelungen schien, man umgekehrt sich zum Heidenthum bekehrt hatte. Auf diese Weise ging die schönste Kunst des Alterthums nicht geradezu unter, brachte selbst seit dem elften Jahrhundert in Deutschland und namentlich in Italien unter manchem

historisch Merkwürdigen auch wohl einzelnes Schöne
hervor, aber wie viel fehlte ihr nicht, wenn man allen=
falls die späteren Werke eines Pisano ausnimmt, zur
Erreichung der Höhe, auf der die Meister Attika's und
des Peloponnes gestanden! Ihre Kunst war lebendig
eingesargt, begraben; erst das gründlich wühlerische
fünfzehnte Jahrhundert warf auch sie aus der Gruft
empor, wiewohl wir nicht einmal sagen können, es habe
sie zu neuem, höherem Leben geweckt. Denn im All=
gemeinen sind wir trotz vereinzelter Ansätze zur Origi=
nalität nicht über die Nachahmung der Antike hinaus=
gekommen, fristen eine nicht allzu üppige Existenz von
den Brosamen, die uns vom reichen Tische Griechen=
land's und Süditalien's zugefallen sind, und nach dem
Grunde dafür darf man nicht lange suchen. Das Ob=
jekt des Bildhauers, den Thier= und Menschenleib,
fassen wir nicht, wie das Weltgebäude, unter einem
eigenen, großartigern Gesichtspunkt auf, sondern wir
haben den lange verlornen Sinn für seine Schönheit nur
nothdürftig zu restauriren vermocht, und auch das nur
an der Hand der Hellenen. Mit der Liebe zur sinnlichen
Erscheinung, mit der Achtung vor allem Leiblichen war
im Laufe des Mittelalters auch unser Auge dafür fast
erloschen, und als die Sehkraft langsam wiederkehrte,
siehe, da fanden die Künstler — eine unausbleibliche
Folge langer Vernachlässigung — den edlen Menschen=
leib selbst, wie er ihnen zumeist begegnete, geschwächt
und verkümmert, so daß sie nur mit Wehmuth der herr=
lichen Modelle gedenken konnten, die einem Praxiteles

und Skopas, einem Polyklet und Lysipp zu Gebote
stehn mußten. Und wie schönheitswidrig ist nicht oben=
drein die Kleidung unsrer Zeit, wie unwiderruflich nicht
gerichtet durch einen einzigen vergleichenden Blick auf
die griechische! Man bringe, sich davon zu überzeugen,
in irgend ein Antiken=Kabinet einen Spiegel, trete,
nachdem man das Auge in die nackten Gestalten und
einfach edlen Gewandungen einer Artemis, Deme=
ter, Here, eines Asklepios und Hephästos ver=
senkt, urplötzlich vor das Glas, und erschrickt man dann
nicht ob der ausgesuchten Häßlichkeit des eigenen An=
zug's — nun, so beweis't man zum millionensten Male,
daß die Liebe, auch die zu sich selbst, eben blind ist.
Solch' ein Habit bringt die Gliederformen nicht zur
Geltung; eingepreßt werden sie oder — man verzeihe
den plumpen Ausdruck! — eingesackt.

Rechnen wir zu Alledem, daß das Publikum gerade
die Bildnerkunst am Wenigsten fördert, weil es größ=
tentheils keine Freude an ihren Werken hat und auch
wohl nicht haben wird, bis es in die zwischen Geist und
Natur gerissene Kluft seine verjährten Vorurtheile ge=
worfen und so die bewußte Rückkehr zur letzteren ange=
bahnt hat, an die sich die glücklichen Kinder von Hellas
aus Instinkt hielten: so hat das Zurücktreten gerade
dieser Kunst hinter die andern wohl nichts Räthselhaftes
mehr. Absterben, um etwa den modischeren Schwestern
Raum zu ausschließlicher Entfaltung zu lassen, wird
die edle Blüthe gewiß nicht; dafür bürgt schon die be=
geisterte Liebe zu ihr, die wir von den Winckelmann,

Lessing und Göthe, von den Trefflichsten unter uns so oft und warm aussprechen hören. Vor der Hand aber wird der Plastiker nichts Besseres thun können, als die geretteten Werke seiner heidnischen Vorgänger durch anhaltend ernstes Studium in sich aufzunehmen und einerseits auf sie, andrerseits auf die gediegene Naturwissenschaft unsrer Tage gestützt, vorsichtig zu versuchen, inwiefern sich die christlich=germanische Innigkeit als leiser Anflug über die stofflich derben Formen hauchen läßt, ohne sie und damit das Wesen der Statue auch nur im Mindesten zurückzusetzen, zu verflüchtigen. Gelingt ihm das, dann heiße er Schwanthaler oder wie immer: seine Arbeiten werden Raum finden im Tempel der Zukunft, sobald sich dieser erst aus den Trümmern der Vergangenheit erhebt, um in ihm den welt=umspannenden Rahmen durchgreifender Gesetzmäßigkeit ausfüllen zu helfen mit den munteren Bildern unge=zwungener Freiheit. Und fordert man, wie's an der Ta=gesordnung ist, eine Portraitstatue von ihm, so idealisire er, des Wesens seiner Kunst eingedenk, das zufällige Individuum nicht nach Art des Malers, son=dern in der Weise, daß jeder Zoll ein König, ein Held, ein Dichter, ein Denker ist, wie es, um bei'm Nächsten zu bleiben, Graß bei der fast lysippischen Statue des General Kleber gethan, die unsrer Stadt in Wahr=heit zur Zierde gereicht. Denn noch einmal: das Gei=stige, das nicht in's Fleisch eingegangen, sieht die Skulp=tur nicht, und die Darstellung Dessen, wovon sie nichts weiß, überläßt die Kunst billig der — Gelehrsamkeit.

Was die beiden Urkünste eint, was sie scheidet, liegt nunmehr offen. Gemeinsam haben sie, zugleich mit dem schweren, gediegenen Material, ihre ausschließliche Richtung auf die natürliche Welt, von der indeß die eine das Reich der anorganischen Existenzen als geschlossene, von allgemeinen Gesetzen beherrschte Einheit, die andre die aus diesem universalen Zusammenhange heraustretenden Organismen, von denen jeder sein eigenes Gesetz in sich trägt, in ihrer reichen Mannigfaltigkeit verherrlicht. Dort die fromme Verehrung allumfassender Ordnung — hier die heitere Feier der goldenen Freiheit; dort die geometrisch bestimmte Linie: die starre Gerade oder der einem Centralpunkte gehorchende Kreisbogen — hier, durch die Ornamente der Baukunst bereits eingeleitet, die frei fließende, dem Blicke individuell bewegt erscheinende Linie, die zwanglos nur sich entwickelt. Beide Künste bedürfen einander, denn dieser muß der Raum, jener die Erfüllung von außen kommen; vereint aber umfassen sie auch das Ganze der Natur, von der als Himmelsstütze eingerammten Bergwand bis zum freiesten der freien Wesen, dem Menschen.

„Frei?" — Nun ja, kein sichtbares Band, keine greifbare Kette fesselt ihn an Anderes; er ruht und steht auf, kommt und geht, wie er will. Und doch, woher wohl das wehmüthige Lächeln, das des Sinnigen Lippen so leicht umspielt, wenn unsrer Freiheit gedacht wird? Entspringt es nicht dem Gefühl, daß der Einzelmensch bei aller äußern Ungebundenheit innerlich an

unzählbaren Fäden von der Gattung, von andern In=
dividuen, von der bewußtlosen Natur sogar abhängt?
Fragen wir bei unsrer nächsten Zusammenkunft die
Malerei, zu der uns das Relief des Bildhauer's
hinüberweis't, und wenn ihrer Antwort, wie zu ver=
muthen steht, die Musik in gewisser Art widersprechen
sollte, so dürfen wir in der Poesie einen Friedensrich=
ter vom edelsten Schlage erwarten, dessen Erkenntniß
beide Anschauungsweisen als relativ berechtigte in einer
höhern verschmelzen und damit die Streitenden und
uns für alle Zeiten beruhigen wird.

IV.

Die Künste.

(Fortsetzung.)

„Wie ist doch die Erde so schön, so schön!
Das wissen die Flüsse und Seen:
Sie malen im klaren Spiegel
Die Gärten und Städte und Hügel
Und die Wolken, die drüber gehn." —

So sang einst der liebe Robert Reinick, der selber
gar hübsche Bilder machte, nun aber leider schon todt
ist, und der Gedanke, jenen Flüssen und Seen habe der
Maler ganze Zunft ihre Kunst ursprünglich abgelauscht,
ist zu poetisch, als daß wir ihn bemäkeln sollten. In=
dessen malte der Mensch alsbald, wenn nicht anders,
so doch Anderes, als seine freundlichen Lehrmeister.
Das bloß unmittelbare, natürliche Sein der Bau= und
Bildnerkunst überlassend, suchte er die Spuren eines
zu sich gekommenen Seelenlebens und erkor sich, die
Gärten und Hügel wenigstens so lange verschmähend,
als er eine Seele hineinzuempfinden noch nicht gelernt
hatte, die Offenbarungen des vom physischen sich un=
terscheidenden Gemüths= und Geisteslebens, wie
sie beschränkt und vereinzelt in der höheren Thier=,
durchgreifend und großartig dagegen in der selbstbe=
wußten Menschenwelt auftreten. Dem Maler, der
vom Typus des Plastikers zum schlechthin Einzelnen
fortgeht, ist der Mensch kein einfaches Wesen; ihm geht

er auseinander in den äußern und innern, und nur der letztere ist sein eigentliches Objekt. Der aber bezieht sich — wem wäre es fremd? — so vielfach auf Anderes und dieses auf sich zurück, hängt so innig mit dem ganzen Geschlechte, mit besondern Gemeinschaften und Individuen, sogar mit der bewußtlosen Natur zusammen, daß man ihn im Gegensatze gegen das freie Subjekt des Bildners geradezu als abhängig, als unfrei bezeichnen kann. Herrschen doch über diesen innern Menschen und seine Stimmungen, Regungen und Handlungen nicht nur mehr oder minder allgemeine Ideen, die von außen an ihn herankommen, nicht nur Liebe und Haß und jegliche Leidenschaft, die von seines Gleichen in ihm erregt wird, sondern das Thier selbst, ja das absolut Seelenlose läßt ihn gar oft eine unwiderstehliche Macht fühlen. Das weinende Kind, dem sein Vöglein entflog — der Bettler, der über den Tod seines Hundes die letzte Lust am Leben verliert: Beide sind ebenso malerisch, wie der Engadiner, der sich in den Savannen Amerika's nach seinen Bergen härmt — der tief in's Land versetzte Strandbewohner, dem mit des Meeres Rauschen auch das Roth der Wangen schwindet. Auf irgend eine Weise ist Jeder innerlich gebunden und somit aus der Freiheit, zu der sich zur Freude des Bildhauers das Subjekt als Naturwesen durchgerungen, gewissermaßen zurückgestürzt in den allgemeinen Zusammenhang, in die Einheit des Ganzen, ist wieder ein bloßes Glied des Weltorganismus geworden. Das zu zeigen, ist — ob mit oder ohne Bewußtsein des

Künstlers — eben die Tendenz der Malerei, und Sie
kennen schwerlich in ihrem weiten Reiche ein Bild von
geweihter Hand, in dem keine Spur dieser Abhän=
gigkeit zu finden wäre. Der Mann stehe noch so stolz,
so scheinbar selbstherrlich und selbstgenügsam auf der
Leinwand: Etwas wird das sanfte oder harte Joch
verrathen, dem seine Seele bald willig, bald grollend
sich beugt. Schon die Darstellungsweise des Malers ist,
wie leicht zu erweisen, darauf angelegt.

Tritt man von einer Statue weg unverzüglich vor
den oder vielmehr, da das nicht mehr in sich geschlossene
Subjekt meist auf seines Gleichen oder mit diesem auf
ein gemeinsames Höhere bezogen ist, vor die Menschen
des Gemäldes, so fällt wohl sogleich als bedeutsame
Abweichung der Malerei von der Skulptur in's Auge,
wie sie den Einzelnen keineswegs aus dem äußern Welt=
zusammenhange herausnimmt, sondern ihm Umge=
bung und Hintergrund läßt. Selbst der Goldgrund
der älteren Heiligenbilder drückt eine Beziehung — zwar
nicht zur irdischen, wohl aber zu den reineren Sphären
einer himmlischen Glanz= und Lichtwelt aus. Sobann
werden die Gestalten auf einer Fläche, d. h. nicht ganz,
nicht von allen Seiten, sondern nur von der Einen ge=
geben, mit welcher sie auf ihr Centrum bezogen sind,
mag dieses im Bilde ausgedrückt oder als außerhalb
desselben liegend nur angedeutet sein. Dadurch verliert
der Körper seine materielle Schwere, das Massive,
wird — dem Wesen der Kunst mehr und mehr entspre=
chend — zum bloßen Scheine und bietet sich ohne Wi=

derstand einer noch höhern Verklärung durch das Licht, das der Maler nicht, wie der Bildhauer, von außen erwartet, sondern in sein Werk hineinträgt. Beleuchtung aber gibt Farben, die, wenn sie bei aller natürlichen und lokalen Eigenthümlichkeit harmonisch in einen Hauptton zusammenfließen, alle Gestalten des Bildes als zusammengehörige Glieder des Ganzen auch äußerlich erscheinen lassen. Jede einzelne Figur wird auf diese Weise zum bloßen Reflex und Durchlaß eines Geistigen, wie ja die Farbe selbst nichts als reflektirtes oder durchgelassenes Licht ist; der Körper will nicht mehr vollständiger Ausdruck seiner Seele sein, er hat sich ihr als einem Größeren unterworfen, läßt sie durch sich hindurchleuchten, wie das Prisma den Sonnenstrahl oder, wenn Sie wollen, wie die Hülle der Traube den funkelnden Wein. Und zu Alledem kommt nun, was der Skulptur durchaus fehlte, das Auge, dieser eigentliche Spiegel der Seele, aus dem ihre Stimmung und Eigenheit so mächtig hervorblitzt, daß man nicht selten aus ihm allein den ganzen Menschen erkennt, wie man's z. B. bei einem größtentheils zerstörten Krieger in der „Alexanderschlacht" von Pompeji gewahren kann. So wirkt Alles: Umgebung und Hintergrund, Wegwerfen des Körperlichen, des Blickes Ausdruck, Licht und Farben sammt der Harmonie ihrer Tinten und Töne zusammen, die Unterordnung des endlichen Sein's unter den unendlichen Geist zur Anschauung zu bringen, sei es, daß dieser im Individuum selber seinen Thron aufgeschlagen oder das Scepter von außen her über sein

Haupt schwinge. Nicht mehr die leibliche — das hätten, nebenbei gesagt, ein David, Gerard u. A. gründlicher erwägen dürfen — nein, die Seelenwelt, das innere Leben ist es, was die Malerei herausfordert, und wie wir's einfach fanden, daß dem Architekten in der natürlichen Welt vor Allem und nur die große Einheit des Universum's in's Auge fiel, so werden wir auch mit dem Maler nicht rechten wollen, wenn er vor Allem und nur den universellen Zusammenhang der geistigen Welt in sich und mit der Natur erfaßt. Denn daß er immerdar nichts Anderes zum Vorwurf nimmt, kann, wie mir deucht, auch der flüchtigste Ueberblick über die verschiedenen Gattungen der Malerei darthun. Sehen wir zu!

Bei der billig vorangestellten Historienmalerei leuchtet, auch wenn man den Begriff im weitesten Sinne faßt, die Sache ein. Ob Zustände oder Handlungen schildernd, zeigt sie das Individuum einmal hingegeben an ein Ersehntes, Errungenes oder Verlornes — in Furcht und Sorge, Haß und Groll, kurz: irgend einen dominirenden Affekt, d. h. in den Gegenstand desselben aufgehend, das andre Mal kämpfend, siegend, sich aufopfernd für eine Idee, für die Menschheit, die Nation, seine Glaubensgenossen, den Unterdrückten und Bedrohten überhaupt. So schmachtet Titian's Venus in süßem Liebessehnen, schwebt Correggio's Jo in höchster Liebeswonne; so sind Veronese's Perserfrauen bei dem unglücklichen Gatten und Vater, beweinen Bendemann's trauernde Juden

das ferne Zion und die beiden Marien von Veit den
Heiland der Welt. Jener Cromwell von Delaroche
an Karl's Leiche und Lessing's Lenore, Begas' Hein=
rich IV in Canossa und Hildebrandt's Judith, die
büßenden Magdalenen, wie die in Seligkeit versenk=
ten Marien: keine dieser Gestalten ruht in sich, über
allen waltet eine Macht, die nicht die ihre ist. Oder be=
trachten Sie Lessing's unsterblichen Huß, einen Luther
mit seinem „Ich kann nicht anders!", vor Sempach
einen Winkelried, den Märtyrer im Flammenmeere,
einen Napoleon, wie er von der Höhe der Alpen den
Adlerblick über Italien's Fluren, vom schäumenden
Rosse herab das unheimliche Auge über die Wüste des
Schlachtfeldes schweifen läßt: hier und auf den zahl=
losen Bildern gleicher Art nichts als Kampf, Opfer,
Triumph im Namen und auf Geheiß eines Gewaltige=
ren, und wäre es nur der Dämon der Ruhmsucht.
Niemand von Allen mehr durch sich und für sich, je=
der nur noch der Träger, das Organ, wohl gar das
Werkzeug allgemeinen Geistes. Da liegt ja auch gerade
das, wodurch der Mensch geschichtliche Persönlichkeit
wird, und mit Fug behauptet Vischer, eine historische
Gestalt einfach hinzustellen, sei unmalerisch.

Nicht minder vernehmlich reden unsrer Auffassung
die Werke des Genremalers das Wort. Vor Altar
und Idol knieend, auf Feld und Wiese, in Studir= und
Wohnzimmer, Werkstatt und Schenke, auf Jahrmarkt,
Kirchweih, Bettelfahrt und Raubzug stellt er uns das
Subjekt in seiner Abhängigkeit von Göttern und Götzen,

Boden und Klima, von Familienbrauch, Beruf und Gewohnheit, heimischer Sitte und sinnlichem Bedürfniß dar, und sehr bezeichnend hält er die Figuren meist so klein, daß sie gegen die voluminöse Umgebung untergeordnet erscheinen. Ein Blick auf die vlämischen Bauern-, Handwerker- und Schenkstuben, besonders auf die Bilder eines Teniers und Laer's sogenannte Bambocciaden, auf Murillo's Bettelbuben, Horace Vernet's Räuber und der modernen Düsseldorfer, vor Allem Schröbter's hier einschlagende Arbeiten genügt, jeglichen Zweifel niederzuschlagen. Nur möchte ich mir Eine Bemerkung erlauben. Wenn Genrebilder, wie Meyer's „Gebet der Wittwe", von der ich den gelungenen Berliner Stich in jedem Hause wissen möchte, von selbst den adelnden Eindruck machen, ohne den die echte Kunst nie an uns vorüberschreitet, so verlangt wohl die Veranschaulichung der Fesseln, in denen das Niedrige und Gemeine so oft den Menschen hält, um Kunstwerk zu werden, ein Hineinspielen des Humor's, der durch sein schmerzliches Lächeln über die unwürdige Beschränktheit solcher Verhältnisse auf die weiten, die lichteren Sphären hinweist, in denen sich zu bewegen das Ebenbild Gottes auf Erden berufen ist. Mir wenigstens wird's ohne ihn bei der Betrachtung solcher Bilder nicht wohl.

Aber jetzt! — Was könnte zur Bestätigung unsrer Ansicht vom Wesen der Malerei weniger geeignet erscheinen, als das Portrait? Tritt uns doch hier das Subjekt isolirt, ohne alle Umgebung, auf die es sich beziehen, oft sogar ohne Hintergrund entgegen, von dem es sich abheben könnte! Schlimm genug; fixiren Sie indeß das wahrhaft künstlerische Portrait, z. B. manche Arbeiten eines Holbein, Titian, van Dyck und Velasquez einmal schärfer! Was haben Sie in diesen Männern und Frauen vor sich? Offenbar ein mit psychologischem Blicke aufgefaßtes Produkt der Verhältnisse, unter denen sie sich entwickelt, wie denn das in Gestalt der Forderung, das Portrait solle eine Art gemalter Biographie sein, von den Kunstrichtern als unerläßliche Bedingung ausgesprochen wird. Jede Falte der Stirn, jeder Zug um Auge und Lippe, Richtung und Gepräge des Blicks, Haltung und Stellung: Alles verkündet, was sie erbuldet, erfahren, erlebt, wie sie unter mannigfaltigen Einflüssen gewachsen und geworden. Wobei wir nicht einmal darauf verweisen wollen, daß ausgeprägte Menschen ohnehin nicht als Einzelne, sondern vielmehr als der persönliche Reflex, als eine, allerdings von der freien Individualität umspielte, Inkarnation allgemeiner Richtungen und Strebungen nicht nur dastehn, sondern auch erscheinen und so schon die Vorstellung eines isolirten Eigenlebens fernhalten. Wenn es freilich gilt, auf Bestellung irgend ein unglückliches Wesen männlichen oder weiblichen Geschlechts in möglichst schmeichelhafter Weise zu copiren, das, da es im Grunde nichts ist, auch nicht wurde und folgerecht weder äußere, noch innere Eindrücke entscheidender, bildender, gestaltender Art empfand: nun, da scheitert unsre Theorie am Ende, aber leider die Kunst auch,

und ihrem Jünger mag's der Gemalte herzlichen Dank
wissen, wenn er den bei der Arbeit zubringenden Humor, der auch hier das Triviale allein in die Sphäre
der Kunst zu erheben vermöchte; ihm und dem täglichen
Brode zu Liebe freundlichst unterdrückt. Solche Fälle
sollen nämlich dann und wann einmal vorkommen —
hinten, weit in der Türkei natürlich!

Auch bei der Landschaft scheint sich eine große
Schwierigkeit einzustellen, da in ihr, wie bekannt, oft
kein Individuum zu erblicken ist, über dessen Freiheit
oder Unfreiheit wir rechten könnten. Doch hüten wir
uns auch hier vor übereilten Folgerungen! — Die land-
schaftliche Natur ist, um an früher Gesagtes mit ein
paar Worten aus Schubert's trautem „Wanderbüch-
lein" zu erinnern, „ein Instrument, gestimmt zu höherem Chor, welches, sobald ihm der Menschengeist Text
und Melodie zu geben weiß, herrlich mittönt zum Lobe
Gottes." Noch mehr; die Formen, die uns der Maler
vorführt, laden durch entfernte Aehnlichkeit mit der
Gestalt, in welcher das beseelte Leben sich unter gewissen Bedingungen uns darstellt, oft auch durch dunkle
und somit zwiefach reizende Erinnerung an eine Umgebung, die einst Zeuge dieser oder jener Stimmung in
uns gewesen, geradezu ein, Heiterkeit und Herzeleid,
lachende Hoffnung oder trübe Resignation, lautes Herz-
klopfen oder tiefe Ruhe in sie hineinzugießen, um dann
den Wiederhall des eigenen Lebens von ihr zurückzu-
empfangen. Halten Sie Calame's zerzauste Tannen
in wilder Felsenschlucht, Schirmer's Wetterhorn ge-

gen Philipp Hackert's Golf von Neapel; stellen Sie
Achenbach's Norwegen neben Rottmann's Grie=
chenland; blicken Sie träumend in die duftigen Feuch=
ten und Fernen eines Claude Lorrain oder in
Ruysbael's melancholischen Kirchhof, seine Wildnisse
mit Wasserfällen, schauerlich einsamen Hütten und dem
endlosen Meere! Versuchen Sie's, wenn anders der
Sinn geweckt ist, sich bei solchem Anblicke der Stim=
mungen zu erwehren, die wie von oben herab auf Sie
niedersinken, und wenn's Ihnen, wie mehr als wahr=
scheinlich, mißlingt: ei, so haben Sie empfunden, in=
wiefern der Mensch an die Natur gebunden ist und die
Landschaftsmalerei mit seiner Bestimmbarkeit durch
Mächte zusammenhängt, an denen sein Wollen und Be=
schließen keinen Theil hat. Fehle immerhin das abhän=
gige Subjekt im Bilde! Sie selber sind es, und
wenn der Maler eine in's Auge springende Figur in
die Landschaft bringt, so geschieht es vielleicht nur, da=
mit Sie sich in deren Lage träumen, von ihrem Stand=
punkt aus empfinden sollen. Dort auf dem Vorsprung
im See sitzt ein Fischerknabe; unter und vor ihm grund=
lose Tiefe, das unermeßliche Luftmeer droben, rings
nichts als starrende Klippen, furchtbar öde Einsamkeit.
Geben Sie sich dem Ganzen hin, lassen sich plötzlich zu
nüchterner Besinnung rufen und sehen dann zu, ob Sie
den Knaben nicht längst von seiner Stelle verdrängt
hatten!

Bleibt uns die Thiermalerei, die sich willig fügt.
Denn ohne Frage sind es die Beziehungen des Thieres

zu Erdbildung, Klima und Vegetation, zu seines Glei=
chen und dem Menschen, die den Künstler interessiren.
Die Gemse, die in's Thal gescheucht, durch wilde Flu=
then von der gegenüberliegenden Bergkette getrennt
wäre, an der ihre Blicke sehnsüchtig hinaufklettern; der
auf Italiens Märkten lechzende Bär, wie die frierende
Giraffe im hohen Norden; der Adler, den der Sturm
weit in's Flachland verschlagen, wie das vom Rudel
versprengte Reh, das nach dem Männchen, nach den
Andern jammert; Kühe im Gewitter, die sich furcht=
sam aneinander drängen; die angekettete Hündin, die
verzweifelt aufheult, weil sie den von der Ueberschwem=
mung fortgerissenen Jungen nicht folgen kann; der auf
die Taube lauernde Kater, Löwe und Büffel im wuth=
schnaubenden Kampfe, das Pferd endlich, das betrübt
den Kopf auf den todten Reiter senkt: diese und tausend
ähnliche Objekte, wie sie von Snyders bis zu Volz
ihre zahlreichen Darsteller gefunden, nennen wir aus
bewußtem oder unbewußtem Grunde malerisch. Und
wie daneben Zustände und Verhältnisse der Thiere
vielfach an Menschliches erinnern und uns so, der
Landschaft analog, zum Spiegelbilde eigener Bedürf=
nisse, Bande und Leiden werden, bedarf kaum der
Erwähnung. Wer sähe nicht in dem Edelhirsch, der
von der tobenden Bande der Jäger und Hunde gehetzt,
blutend, keuchend, mit aufhämmerndem Herzen und
erlöschendem Auge in den Strom stürzt, dessen Wellen
wenigstens in sanfter Weise morden, den von der
Erdengewaltiger Willkür erbarmungslos verfolgten

Edelmann, dem am Ende der Tod als Erlöser will=
kommen ist?

Auch das Thier wird demnach als ein in den Allzu=
sammenhang verwebtes Wesen erfaßt und so wäre,
denk' ich, der Grundcharakter der Malerei in all' ihren
Gattungen wiedergefunden. Denn daß ich nicht von
Frucht= und Blumenstücken, gar von den soge=
nannten Stillleben im engeren Sinne des Worts
rede, müssen Sie schon verzeihen. Ohne die Frage über
den künstlerischen Werth oder Unwerth derselben durch
einen Machtspruch entscheiden zu wollen, bekenne ich
offen, daß mir da, wo das Wesen fehlt, auch jener
Einklang von Form und Wesen undenkbar erscheint, in
dem wir die Schönheit fanden. Blumen in einem Glase,
und hätte Sie ein Huysum gemalt, Trauben und
Aprikosen in einem Körbchen, gar aufgemachte Wall=
nüsse und Orangenscheiben mögen angenehm berühren
durch Vergegenwärtigung köstlicher Genüsse der Ge=
ruchs= und Geschmacksnerven, durch Zartheit und Har=
monie der Farben und eine ebenso vollendete Technik,
wie sie auf die Wasserflasche, in der sich die Sonnen=
strahlen concentriren, oder auf den von der Küchenwand
„abhängigen“ Hasen verwandt sein kann; doch das Alles
sind Leichen, wenn auch frische, oder von Hause aus
leblose Dinge. Kunst aber ist Leben; sie flieht vor dem
Tode, wie der Tod vor ihr.

Solche in ihrer Art freundlichen Leistungen, bei denen
eine innere Unfreiheit nachweisen zu wollen, Thor=
heit wäre, da ihre Objekte gar nicht lebendig, mithin

durch und durch unfrei sind, können uns also nicht
wehren, die geistige Beziehung des Einzelnen auf einen
außer ihm liegenden Mittelpunkt als das festzuhalten,
was den Maler ausschließlich in Anspruch nimmt.
Darin war ja auch der Grund zu suchen, warum er
seinen Gegenstand nicht, wie der Bildhauer, dem ganzen Umfange nach, sondern nur von der Einen Seite
darstellt, die er einem Centrum zugewandt sieht. Nicht,
was ist, gibt er wieder, sondern nur, was er von seinem Standpunkte aus erblickt, woraus denn von selbst
folgt, daß die Werke diesen Standpunkt des Meisters,
seine individuelle Art zu sehn verrathen müssen. Durch
die Natur der Mittelpunkte, von denen, und nicht minder durch die Art, in der ihm das Einzelne von ihnen
abhängig erscheint, malt er absichtslos, auch wider
Willen mit dem Bilde zugleich sich selbst. Es hat subjektive Färbung, trägt den Stempel des Schöpfers —
der Name wird wichtig, wird gefeiert.

Dieser subjektive Zug aber spielt, wie das freie Ornament der Architektur in die Skulptur, seinerseits in
die Kunst hinüber, die der Malerei nicht sowohl zur
Seite, als vielmehr entgegentritt, weil sie die absolute innere Freiheit und Macht desselben menschlichen Individuums geltend zu machen gedenkt, das jene,
so zu sagen, von Ketten und Banden ganz umstrickt sah.
Gemeint ist die:

Musik. — Nicht ohne geheime Scheu wagen wir
uns an eine Umschreibung der räthselvollen Kunst, die,
gleichsam als Lieblingstochter der Musen, zugleich mit

dem Gesammtnamen der jungfräulichen Mütter ihre höchste Zaubermacht geerbt zu haben scheint,

> „Da nichts so hart, verstockt und grimmgeschwellt,
> Daß nicht Musik zu Zeiten es erweiche."

Auch mag sich, was wir mehr ahnen, als wissen, nur leise, nur obenhin andeuten lassen und kann selbst dann großentheils, da es sich um die subjektivste aller Künste handelt, für nichts mehr als subjektive Meinung gelten wollen, die auf allseitige Anerkennung keinen Anspruch hat. Denn subjektiv ist die Musik nicht bloß in dem Sinne, daß ihre Werke auf jedem Takte fast den Stempel des Schöpfers tragen; diese Subjektivität schlägt bei großen Meistern hier wie überall in ihr Gegentheil um, wird reiner Abdruck des Allgemein=Menschlichen. Nein, sie ist es in einer weit umfassendern Bedeutung, wie sich alsbald zu voller Genüge ergeben wird.

Nicht durch Vermittelung schwerfälliger Werkzeuge, die der Führung der Hand, wie diese den Intentionen der Seele, nur widerstrebend und ungenau folgen, nicht in hartem, kaltem Stein oder auf stummer, todter Leinwand verkörpert der Sänger als eigentlicher Musiker, was ihm vorschwebt, um das sichtbare Bild, dafern wir ihm das Auge zuwenden wollen, sich abermals unvollkommen auf unsrer Netzhaut spiegeln und so am Ende mangelhaft genug vor den Geist treten zu lassen; unmittelbar aus den Tiefen der Brust heraus, in die kaum körperliche, elastisch flüssige Luft, die, sein Inneres durchfluthend, am Herzen selber erwarmt ist, bildet er den klingenden, lebendigen Ton, und dieser Ton fragt nicht, ob Sie ihn hören wollen — unausweichlich wogt er heran und bringt durch die nicht zu schließende Pforte des Ohres mit magischer Gewalt mitten in Ihre Seele hinein. Und was spricht er aus? „Gefühle!" pflegt man zu sagen. Nun ja; im Tone lebt, bebt zunächst die individuelle Empfindungsweise, der er entsprang, hinüber in den Hörer, auf daß sie dort anklinge, wiederhalle, Resonanz finde. Das ganze Innere des Künstlers gibt im tönenden Aushauch seine abgesonderte Existenz auf, läßt sie in's weite All verrauschen. Es ist sein Herz, sein fühlender Geist selbst, der, ohne von seiner Innigkeit zu verlieren, in den Klängen laut wird, zu jenem glockenreinen Ausdrucke gelangt, wie ihn die Schönheit allerwärts fordert. Aber — und das ist eben der mysteriöse, jedoch nicht wegzuleugnende Charakter der Musik — mit und in der Empfindung deutet sie zugleich das Objekt derselben, das Empfundene an, und so offenbaren die Töne, indem sie sich in der Seele des Empfangenden zu förmlichen Gestalten verdichten, den Gegenstand der Liebe, des Hoffens und Sehnens, die ganze überirdische, ideale Welt, die der Künstler traumselig in seinem Busen gewebt, aus den ebenso unergründlichen, wie unerschöpflichen Tiefen des Gemüths geschaffen, in der er selber lebt und zu deren Höhen er uns auf seiner endlosen Tonleiter emporführt, auf den schaukelnden Wellen des himmelanstrebenden Schalles emporwiegt. Von dort oben herab sehen wir dann die rauhe, graue Alltagswelt in dichtem und dich=

terem Nebel verschwinden, dem uns umfunkelnden Glanze gegenüber immer blasser und schattenhafter, unbedeutender und nichtiger erscheinen und vergessen gar bald, was uns hienieden drückt und bindet. Der herbste Kummer schmilzt in linde Wehmuth, die Wehmuth in Frieden und Seligkeit hin, und durch Thränen lächelnd fühlen wir uns, „so lang' des Liebes Zauber walten", innerlich frei, o göttlich frei!

Damit aber ist die Tendenz der Musik und zugleich ihr oppositionelles Verhältniß zur Malerei gegeben. In der Bethätigung der eingebornen Kraft, durch die sich das Individuum über alle Schranken und Banden in eine von ihm selbst geschaffene Welt zu erheben vermag, behauptet, beweist sie die absolute innere Unabhängigkeit des Subjekts, ist recht eigentlich die Kunst der freien Subjektivität, der subjektiven Freiheit.

Die reinere, schönere Welt nun, die der Gesang und in nachahmender, zugleich potenzirender, hier jedoch nicht näher zu prüfender Weise auch das Instrument, das Orchester — am Gewaltigsten freilich ihr Zusammenklang, bei dem die Menschenstimmen wie herrliche Schwäne auf dem Strome der begleitenden Harmonieen schwimmen, nicht sowohl vor, als vielmehr in uns aufbaut, erinnert ebenso an den Dom des Architekten, wie dieser an eine Symphonie. Aber die Tonwelt an sich ist keine körperliche, fertig gestaltete, in der jedes Glied, fest und unwandelbar, eine abgeschlossene, sinnlich wahrnehmbare Form zeigte. Wie gesagt, ist es ihre

Natur, sich erst im Hörer mit Formen zu umkleiden, und wenn der Musiker, statt den bloßen, aber zwingenden Impuls zum Bilden von Gestalten zu geben, uns diese direkt vormalt, so steigt er von der ihm gebührenden Höhe herab, gibt den eigentlichen Vorzug seiner, mit Recht als die seelenvollste bezeichneten Kunst preis. Was hat er, der ganz Inneres, ganz Gefühl sein muß, mit dem Aeußerlichen, Materiellen, Körperhaften zu thun? Als echtem Musiker ward ihm weder Auge noch Ohr für die zerstreuende Außenwelt; er ist tief in sich gekehrt, beständig versunken in die gestaltlosen Empfindungen seiner Brust, die, sich berührend und verschmelzend, von selber zu klingen anfangen, ihren reinen Beziehungen entsprechend in reinen Verhältnissen — eine immaterielle, ätherische Geisterwelt, in der jeder Ton eine Seele, jeder Zweiklang eine Herzensehe, jeder Akkord ein Bund von Gemüthern! Nichts von erstarrtem Sein; in reichster, mannigfaltigster Bewegung wogt Hoch und Niedrig, Schwach und Stark vereinzelt oder in Paaren und Gruppen durcheinander: je nach dem speziellen Charakter der Musik bald in gehalten ernsten, majestätischen Maßen, bald sinnigen, oft zögernden Schrittes, bald keck und rasch, entschlossen drängend oder in heiterem, lustigem Gewimmel; dort heimlich leise, kaum vernehmbar, gleich dem stillen Sichentwirken des Kindes, hier in furchtbar prächtigen Gegensätzen, die in ihrer schließlichen Versöhnung an die Landschaft nach dem Gewitter, an das Friedensgeläut nach mörderischem Kampfe mahnen — stets aber

ohne Störung, ohne von außen wirkende Gewaltsam=
keit — jedes Ton=Individuum seiner Eigennatur über=
lassen, die von selbst mit den Andern in Einklang steht —
Alle gleichmäßig fortgezogen von dem Geiste, der sie als
Glieder des Ganzen beseelt. So vermählen sich Melo=
die, Harmonie und Rhythmus in der Musik, wie
in schönem Menschenleben die freie Entfaltung des Ein=
zelnen mit liebevollem Verkehr und gemeinsamem Fort=
schritt.

Da naht uns, um mit der Melodie zu beginnen,
der erste Ton wie ein fremder Mann, unbekannt, aber
nicht unerkennbar. Denn wie bei Jenem das erste Auf=
treten, Haltung und Gesichtszüge sein inneres Wesen
errathen lassen, so enthüllen Intonation, Stärke und
Dauer, wie der Stimme oder des Instrumentes Ge=
präge bereits den Charakter des Ankömmlings in einer
freilich wunderbaren, indeß auch bei der Betonung der
Worte, namentlich der sogenannten Interjektionen
leicht zu beobachtenden Weise. Dieser erste Ton nun
entwickelt sich, gleich dem Keim eines lebenden Wesens,
frei und voll nach allen in ihm liegenden Trieben; leicht
und ungezwungen quillt Eine Phase seines Werdens
aus der andern, sie alle zusammen aus seiner innersten
Natur. Hier setzt er im Anlaufe der Figur zum mäch=
tigen Aufschwunge, Aufsprunge an, doch das Ziel ist
zu fern, zu hoch; kleiner werden die Schritte, etwas er=
mattet, entmuthigt gleitet er mit stätig beschleunigter
Schnelligkeit zurück und rafft sich dann auf's Neue em=
por, sein Streben langsamer, besonnener wieder auf=

zunehmen; noch will's nicht gehn, aus dem Klettern und Absinken von Sprosse zu Sprosse der diatonischen, gar der chromatischen Tonleiter spricht das schwere, schwere Ringen, aber Kraft und Energie wachsen mit dem größern Widerstande, er läßt nicht nach .... jetzt ... jetzt! ... siehe da, er triumphirt und wiegt sich behaglich auf den so lange bestürmten, nun glorreich erstiegenen Höhen — ein Bild gekrönten Strebens, das den Feigen zum Helden machen kann! — Dort zielt er sehnsüchtig auf eine ideale Region, die zu erfliegen seine Schwingen in der That nicht Kraft genug besitzen; er schwebt und sinkt und flattert und kann sie nicht erreichen, doch stürzt er nicht, wie wir's so oft im Menschenleben sehn, gelähmt, verzweifelt, gebrochen zu Boden, sondern bescheidet sich in Demuth, verzichtet willig auf das einmal Unerreichbare und lebt, den Schmerz der Enttäuschung verwindend, in den seiner Kraft angemess'nen Sphären still und wehmüthig fort — ein Muster von wahrer Resignation und dem leidenschaftlich bewegten Hörer ein guter Genius, der des Friedens Oel über die wilden Wogen in seiner Brust ausgießt! — Und wiederum sehen Sie ihn, wie den Knaben auf blumiger Wiese, harm- und ziellos sich umhertummeln, aus eitel Lust und Unruhe; wie den edlen Jüngling auf- und niederstürmen nach allen Gipfeln, zu allen Tiefen des Lebens, von denen oft kaum ein Weg zurückführen will, um sich endlich, dem gereiften Manne gleich, an Einem Punkte anzusiedeln, selten tief unten, selten hoch oben, meist in der goldener

Mitte, die er fortan nicht wieder verläßt — ein Wil=
helm Meister, ein Faust, wenn man will, der den
Weg des Lebens zeigt! — Oder ..... doch man könnte
stundenlang so fortfahren und würde nicht fertig wer=
den, und da wir auf diesem Wege nur das Gesagte rei=
cher veranschaulichen, nicht aber tiefer in das, auch
so noch als Geheimniß vor uns stehende Wesen der Me=
lodie eindringen würden, so lassen Sie uns dem re=
signirenden Tone nachahmen und den uns offenen Weg
weiter verfolgen: zur Harmonie.

Sie wissen, der zur Melodie sich entwickelnde Ton
geht im ausgebildeten Kunstwerke nicht allein; andre
Stimmen wandern zu demselben Ziele, bald auf eige=
nem Pfade, bald in engstem Anschlusse an jenen, Arm
in Arm mit ihm. Da wirft er denn nicht selten, wie
ermüdet oder in bescheidenem Wohlwollen, einem der
Begleiter die Leitung zu, sich eine Zeitlang unter sein
Scepter zu beugen, oder läßt sie sich, ob gern, ob über=
rascht, von einem Uebermüthigen weghaschen. Immer
aber, welch' ideales Verhältniß zwischen den in freier
Einigkeit pilgernden Gefährten! Es ziehen sich die
Grundtöne wie eine quaderne Basis hin, wie das solide
Bürgerthum unter Kunst und Wissenschaft, gleich als
wollten sie die höheren Strebungen mit ihrer Festigkeit
vor dem Durchfallen, mit ihrer Attraktionskraft vor'm
Ueberfliegen bewahren. In lieblichem Spiele laufen die
Stimmen einander nach, oft Eine die Stellung, die
Geberden der Andern neckisch wiederholend, rücken sich
nahe und fliehen schäkernd auseinander, wie der Vög=

lein Paare im Lenze, wie Liebende, die ihrer Unzer=
trennlichkeit doppelt sicher sein wollen, und wo demge=
mäß oder in Haft und Hitze ein Mißklang entsteht, da
lenken alle Theile hier leise, da erschrocken wieder ein,
und die Disharmonie, mit der es ja gar nicht Ernst
war, löf't sich in der Regel schnurstracks, immer aber
gar bald in die nm so fester geschlungene Harmonie
auf.

Dazu tritt nun die gleichmäßige, die r h y t h m i s c h e
Bewegung. Das aber ist natürlich kein einförmiger
Tritt, wie bei defilirenden Truppen oder preußischen
Baugefangenen. Hier bewegt sich Alles seinem eigenen
Hange und Drange gemäß: die Einen wie Kinder
hüpfend, springend und laufend, Jungfrau'n gleich
schwebend und gleitend die Andern, während wieder
Andre langsam und gemessen schreiten, voll ruhig ern=
ster Manneswürde, und doch enteilt Keines dem Näch=
sten, es kalt und theilnahmlos zurückzulassen. Hier
halten, am Schluß des Taktes, die vorausgeeilten Kind=
lein an, sich ängstlich umzuschauen nach Denen, die da=
hinten blieben, sie freundlich erwartend auszuruhen oder,
wenn sie der innern Bewegung durchaus nicht Herr
werden können, von Einem Trillerbeinchen auf's andre
zu trippeln, ohne sich von der Stelle zu bewegen; dort
legen die Aelteren in herzlicher Besorgniß, die vor=
schnelle Jugend könne sich zu weit entfernen, ihre be=
dächtige Gravität bei Seite und haften, wohl oder übel,
mit einer Eile hinterdrein, die ihrer brummigen Schwer=
fälligkeit gar drollig, gar heiter und lieb zu Gesichte

steht. Und so sich abwartend, ein= und überholend wal=
len sie Alle in schönem Festzuge dahin, bis sie, gemein=
sam am Ruheplatze anlangend, Eins in des Andern
Armen ausruh'n oder, wenn Sie den Zug lieber mit
der Pilgerfahrt durch's Leben vergleichen wollen,
Eins an der Brust des Andern selig ermattet hinster=
ben.

Wen sollte es nach Alledem befremden, wenn schon
der alte Philolaos in der Musik ein Mittel zur Läute=
rung und Stillung der Seele erblickte, wenn sie in un=
sern Tagen ein Wilhelm von Humboldt für die öf=
fentliche Erziehung fordert, weil sie der Rohheit wehre,
an Regel und Reinheit gewöhne und, da ihr Genuß
keine formelle Bildung erheische, ein Band schlinge zwi=
schen Gebildeten und Ungebildeten, den höhern und nie=
deren Ständen, zwischen den Menschen als solchen. O ge=
wiß, wen rücksichtslose Anmaßung, wilder Eigensinn und
trotziger Hochmuth beherrschen, wen die eiskalte Selbst=
sucht in Fesseln schlug: er lasse sie hinschmelzen in jener
Rührung, die Sang und Klang in jedem nicht ganz ver=
stockten Herzen erzeugen müssen, und werde, wie dieser
Tonkünstlein Eines. Hier oder nirgends findet der Un=
glückliche, der die Fähigkeit sich hinzugeben und gerade
in der Hingebung seiner selbst zu genießen verlor, "sich
und Andre wieder", denn die Musik verbindet nach
Göthe's sinnreichem Worte Alle, indem sie Jeden sich
selbst zurückgibt.

Gleichwohl will es scheinen, als könne sie, wenn man
sich ihren Eindrücken allzu sorglos hingäbe, auch ver=

derbliche Wirkungen hervorrufen, als seien, um es an=
bers auszusprechen, die Orakel der Polymnia zwei=
deutig, gleich denen des delphischen Gottes. Oder sollte
es nicht möglich sein, daß Einer das sieghafte Aufstei=
gen der Melodie als Vorbild für die Durchsetzung sei=
ner Leidenschaften, statt als Sporn des sittlichen Stre=
bens auf sich wirken ließe, ihr resignirendes Abgleiten
als Wink betrachtete, nicht den individuellen Gelüsten,
sondern energischem Ringen und Schaffen zu entsagen?
Sollte die harmonische Tendenz der Tonkunst nicht Die=
sen oder Jenen so zu durchweichen, zu entkräften ver=
mögen, daß er, ein bloßes Spiel der Außenmächte,
nichts mehr zu sein, in keinem Falle und Niemanden
gegenüber einen eigenen Willen zu haben und durchzu=
setzen wüßte, oder die scheinbar willkürliche Bewegung
der einzelnen Stimmen nicht umgekehrt den Irrthum
begünstigen können, es möge der Einzelne nur seinen
Kopf aufsetzen, von selber werde Alles in's Geleise kom=
men? Irren wir nicht, so ist dergleichen schon vorge=
kommen. Ja, gewisse Melodieen in Verbindung mit ge=
wissen Texten und dramatischen Situationen spekuliren
geradezu auf sinnlich wohlthuende Entnervung des gei=
stigen Menschen, auf maßlose Erhitzung des Blutes und
mahnen uns, neben die Eine Warnung vor falscher
Lust an der Musik die andere vor der Lust an fal=
scher Musik zu stellen. Wie Sie sehen, verstehn wir
darunter an dieser Stelle keineswegs den Virtuosen=
Singsang und Klingklang, das wesenlose Geleier
und Gedudel, Geklimper und Getriller, dem Freund

Mephisto in den klassischen Worten den Abschied
gibt:

> „Das sind die saubern Neuigkeiten,
> Wo aus der Kehle, von den Saiten
> Ein Ton sich um den andern flicht;
> Das Trällern ist bei mir verloren,
> Es krabbelt mir wohl um die Ohren,
> Allein zum Herzen bringt es nicht."

Solche Strohflechtereien rauben dem Auditorium höch=
stens die Zeit und machen es allenfalls für den Au=
genblick etwas verdutzt ob ihrer ungeheuerlichen Schön=
heit. Nein, wir meinen die Produkte der Beklagens=
werthen, die selber geistig, körperlich, an Leib und
Seele krank, ihre schwindsüchtigen Klänge in die gesunde
Brust hineinschmeicheln, wo sie dann jede Energie lö=
sen, alle Thatkraft schmelzen und wegschwemmen und
es Andern leicht machen, den schachmatten Organismus
durch galvanische Reizungen zum wollüstigen Aufzucken
zu kitzeln — meinen die Compositionen der sinnlich lei=
denschaftlichen Stürmer, deren Töne und Tonhaufen
gleich weinseligen Mänaden an den Dionysien durch=
einanderrasen, in wirbelnd wildem Taumel, sinnver=
wirrend, die Begierden erweckend und zugleich in lohen
Brand steckend. Und wer bei dem Glauben, derartige
Einflüsse könne die Musik nicht üben, um so fester
beharren wollte, weil dem Verstande das „Wie?" nicht
nachzuweisen ist, der müßte überhaupt die unsres Er=
achtens unleugbare Thatsache, die uns schon früher
auffiel, in Abrede stellen, daß nämlich die Musik, in

wie räthselhafter Weise auch), mit der Empfindung zugleich das Wesen des Empfundenen, ihres Objektes von ferne andeute.

Lassen Sie uns die Frage nicht stellen, wodurch so manche Günstlinge ausgedehnter Kreise die mit liberaler Hand gespendeten Lorbeern verdienen; nicht zu bezweifeln steht, daß es schlechte Musik geben kann, und auf ihre Rechnung dürfte auch ein großer Theil der Abneigung zu schreiben sein, die manche, sonst treffliche Männer einseitig genug gegen die Tonkunst im Allgemeinen hegen. Freilich ist auch ohne diese Reduktion begreiflich, wenn nicht Jeder die exclusive Begeisterung für sie theilt, die sich bei weichen Naturen, vor Allem bei den Frauen zu finden pflegt und so vernehmlich aus den Versen der Herzogin von Orleans redet:

> „Musik, du Mächtige, vor dir verschwindet
> Der armen Sprache ausdrucksvollstes Wort;
> Wozu auch sagen, was das Herz empfindet?
> Tönt doch in dir die ganze Seele fort!“

Eben daß sie nicht sagen kann, was sie will, es streng genommen gar nicht weiß, ist ihre schwache Seite; auch fühlt sie das selbst und geht darum so oft und gern den schönen Bund mit der Poesie ein, bei dem sie selber vom Worte fixirt und durchleuchtet, dieses von ihr vertieft und verinnigt wird. Noch mehr; wie ihr Organ, der zerfluthende Ton in der Mitte schwebt zwischen des körperlichen Bildes plastischer Bestimmtheit und der durch=

sichtigen Klarheit des reingeistigen Wortes, so ihre
Seele, die dunkle Empfindung in der Mitte zwischen
Sinnlichkeit und denkendem Geiste, und wenn sie dem
Einen zu nahe an diesen streift, sieht sie der Andre in
zu inniger Berührung mit jener. Das Objekt der Sinn=
lichkeit ist die wirkliche, das des Geistes die gedanken=
gemäße, d. h. die ideale Welt; erstere hat die Musik
verlassen, bis zur letzteren bringt sie nicht durch, bleibt
also zwischen beiden, in jenem Reich der Träume,
der eigentlichen Lebensregion eines Porpora, Mozart
und aller großen Tonkünstler. Gleich dem Mährchen
entführt sie uns der Realität, all' ihren harten Gesetzen
und drückenden Nothwendigkeiten, uns schwelgen zu
lassen in einem Feenlande, wo um diamantene Grotten
die Blüthenglocken läuten, wo alle Thiere Menschen
und alle Menschen Engel sind. Selig frei sind wir da
gewiß; wenn aber der letzte Ton verklungen ist und wir
zurücktreten in's Leben: siehe, da bietet sich's nicht
freundlicher, sondern trister als zuvor, und wenn uns
gar bald die fatalen vier grauen Weiber: Mangel,
Schuld, Sorge und Noth wieder begegnen, so erschei=
nen sie dem licht= und schönheitgewohnten Auge nun
doppelt grau und häßlich. Das Herz ist im Jenseits;
dort allein ist Raum, seine Schwingen zu entfalten.
Nicht in der Wirklichkeit, tönt's in unserm Ohre, nur
in der Flucht vor ihr ist die wahre Freiheit zu finden.
Freue dich, ihrer als deines theuersten Gutes im Ge=
fühle gewiß zu sein; im Leben kommt sie nun einmal
nicht zur Geltung!

Genügt Ihnen das? — Mir nicht! Mich treibt es, die Freiheit innerhalb der Wirklichkeit gerettet zu sehen, und ich weiß eine Kunst, die demselben Bedürfnisse, wenn auch nicht ihren Ursprung, so doch ihre Vollendung verdankt — die:

Poesie. — Wie leicht ist nicht ihr Name genannt! Aber ich möchte Den sehen, der nicht in sich erbebte, wenn er, und nun gar in wenigen Minuten, sagen soll, was sie bedeutet, was Alles umfaßt. Je tiefer man hineingestaunt in ihre von Wundern strotzenden Schatzkammern, desto tiefer erschrickt man gewiß vor solcher Aufgabe. Mich wenigstens lassen Sie von vorn herein bekennen, daß ich an eine Lösung derselben hier nicht denke und Sie höchstens um die Himmelstochter herumzuführen vermag, um Ihnen die Standpunkte zu zeigen, von denen aus sie erforscht werden kann.

Der Dichter baut Ritterburgen und Graaltempel, meißelt Statuen, Gruppen und Reliefs, malt historische und Genrebilder, Landschaften, Portraits und Thierstücke, singt Leid und Lust und läßt sie millionenfach wiederklingen, und doch gebraucht er kein Werkzeug, keinen Stoff — wie Gott selber, schafft er durch das Wort. Den verschwebenden Laut, den Vokal durch den Konsonanten verdichtend, bestimmend, begrenzend, hat dieses Wort einen zugleich musikalischen und plastischen Charakter, gibt den Ton als festes Bild, das Bild als tönent Lebendiges, und deutet bei solcher Doppelnatur den mit ihm verknüpften Gedankeninhalt nicht etwa bloß symbolisch an: nein, es drückt ihn als

sein, aus ihm selbst hervorgewachsener Leib unmittel=
bar und auf's Bestimmteste aus, trägt seine Seele, die
klare Vorstellung aus dem Sprechenden ohne Weiteres
in die Phantasie des Hörenden hinüber, und darum ha=
ben wir schon früher gesagt, der Poet bilde, statt in ein
beliebiges Material, direkt in den Menschengeist hinein.
Nun aber wird, mit Carriere zu reden, das geistige
Streben, nachdem es sich Bahn durch die Lippen ge=
brochen, im Worte „zu einem äußern Erzeugniß und
dies kehrt zum Ohre des Redenden zurück: er vernimmt
sich selbst, wird seiner selbst inne". Die Sprache ist
demnach der in die Erscheinung tretende selbstbewußte
Geist, der Logos, die Krhstallisation der göttlichen
Vernunft im Menschen, und was da vernünftig ist,
d. h. was sich entwickelt, wird, was irgend lebt im
Reiche der Wirklichkeit und der Idee, kann sie aus=
drücken, sagen, verbildlichen.

Da mag denn die Poesie als die eigentliche K u n st
der Sprache immerhin den edlen Stolz entfalten,
mit dem sie der beliebteste ihrer Lieblinge neben die
Schwesterkünste treten läßt:

> „Mich hält kein Band, mich fesselt keine Schranke,
> Frei schwing' ich mich durch alle Räume fort.
> Mein unermeßlich Reich ist der Gedanke
> Und mein geflügelt Werkzeug ist das Wort.
> Was sich bewegt im Himmel und auf Erden,
> Was die Natur tief im Verborg'nen schafft,
> Muß mir entschleiert und entsiegelt werden,
> Denn nichts beschränkt die freie Dichterkraft."

Wir aber halten sie bei'm Worte. Wenn nichts ihre

Schritte hemmt — wohlan, so darf sie nimmermehr
stehn bleiben bei Dem, was die Andern beschäftigte.
Sie hat dann nicht nur, wie Bau= und Bildnerkunst,
das All da draußen, nicht nur, wie Malerei und
Musik, das All da drinnen von der Seite des noth=
wendigen Zusammenhangs oder der subjektiven Frei=
heit zu erfassen: sie muß, das Universum als ein in sich
zurückgehendes Ganze zusammenschließend, die innere
Welt als die Einheit von persönlicher Freiheit und
durchgreifender Nothwendigkeit aufweisen und sie als
solche in der äußern, wie diese in jener sich spie=
geln, ja aufgehen lassen, muß uns so die Mysterien des
realen Lebens in Vergangenheit und Gegenwart, wie
andrerseits die des Geistes in seinem unsichtbaren We=
ben erschließen, um endlich in der Durchdringung von
Geist und Geschichte die Zukunft im Voraus zu ergrei=
fen, prophetisch darzustellen und treibend in aller Welt
Gemüth hineinzubilden.

Nicht wahr, das ist grobes Geschütz, von dem Einem
allenfalls die Ohren sausen, aber kein klares Verständ=
niß wird? Nun, was ich sagen will, läuft, so weit es
sich in der Kürze deuten läßt, da hinaus: daß der Dich=
ter — denn zu diesem Ende drängt Alles — auf dem
Gipfel seiner Kunst uns zu zeigen habe, was den Jün=
gern der andern Künste stets verborgen und, wofern
offenbar, bei ihren beschränkten Mitteln doch ewig un=
aussprechlich war, daß nämlich für den Hellsehenden je=
ner anscheinende Widerspruch zwischen den innern
Strebungen des Menschen und seinen äußern Erfah=

rungen, zwischen Dem, was er ernstlich sucht, und Dem, was er im Leben findet, zwischen Wille und Schicksal mit Einem Worte gar nicht existirt. Denn zunächst ist es seine Aufgabe, uns den vermeintlichen Zwang, den die Gesetze der Natur uns Allen gleich= mäßig auflegen, als das, was er in Wahrheit ist, als keinen Zwang vor's Auge zu stellen, da ebendieselbe Natur auch in uns, mithin auch in unserm Wollen waltet und eine Bestimmung, die von unserm eigensten Wesen ausgeht, unmöglich anders denn als Selbst= bestimmung angesehn werden kann. Von den Ketten aber, die der Einzelne oft so grollend schleift, die ihm die Befriedigung seiner unabweislichen innern Wünsche und Bedürfnisse, das Erreichen seiner wesentlichen Ziele wirklich unmöglich machen, ward ihm die hohe Sendung, nachzuweisen, wie der Gefesselte selber ihr erstes Glied geschmiedet und angesetzt, und sich gerechter Weise über keine ihm widerfahr'ne Unbill zu beklagen habe. Die Nerven und Adern des Gesammtlebens bloßlegend, muß er alles Entscheidende in unserm Dasein in seinem Zusammenhange mit Ursachen erscheinen lassen, die in uns selber liegen, das ganze äußere Sein somit als ein Produkt unsres freien Verhaltens, unsrer Freiheit, und indem er uns das, den faktischen Verhältnissen ge= genüber ideale Leben einer besseren Zeit, die nicht, wie romantische Schwindelei wähnt, hinter, sondern vor uns liegt, als sich von selbst ergebendes Resultat tieferer Bildung, reineren Empfindens und energi= scheren Strebens vorführt, uns die kräftigende, erhe=

bende und beglückende Gewißheit sichern, daß der Mensch nicht ein rechtloser Flüchtling auf Erden, daß er Meister, Gebieter, durch nichts als sich selbst zu beschränkender Herr ist. Dann wird uns die Poesie zur Ariadne in dem mehr als kretischen Labyrinth des Lebens, der Dichter zum göttlichen Mentor, der uns über uns selbst aufklärt, ja zum Mittler und Versöhner, zum wahren Immanuel, denn er hebt uns mit überirdischer Gewalt hinweg über den schmerzlichen Gegensatz, den Ton- und Malerkunst nur allzu augenfällig herausgestellt, den unerträglichen Gegensatz zwischen Geist und Natur, Ideal und Realität, zwischen dem armen Herzen und der reichen Welt, der armen Welt und dem reichen Herzen.

Und die Königin der Künste, sie weiß, wozu sie berufen worden. Seit Jahrtausenden hat sie ihre Erlösungsmission geahnt, sich zur Erfüllung erst zu stärken, zu bilden getrachtet und diese dann so gründlich und stätig angestrebt, daß sie endlich triumphiren mußte und durch die Hand geweihter Sonntagskinder jene Riesenfackeln entzünden ließ, deren Schein für Alle, die sehen, die fühlen wollen, auch den dunkelsten, frostigsten Winkel des Daseins nun freundlich erhellt und durchwärmt.

Ihrem Entwickelungsgange, wie er mit dem der Menschheit selber Schritt hält, durch die Reihe der Nationen und Zeitalter auch nur flüchtig folgen zu wollen, kann uns nicht beigehn. Ebensowenig ließe sich in der kargen Frist, die uns zugemessen, der befriedigende

Nachweis liefern, wie ihre einzelnen Gattungen, Arten und Unterarten auseinandertreten, wie jede derselben ihre eig'nen Gesetze haben, ihre eigene Form sich schaffen muß. Zum Glück ist wohl in keine Kunst eine wenigstens nothdürftige Einsicht so allgemein verbreitet, wie in die poetische, und in dieser Voraussetzung begnüge ich mich, Sie an die Hauptgattungen derselben und ihr Verhältniß unter einander, wie zu den andern Künsten, nur im Vorübergehn zu erinnern.

In Zeiten glücklicher Einfalt, wo noch jedes Glied eines Volkes, dem Kind im Elternhause ähnlich, sich der Menschenwelt gegenüber als bloßen Theil der nationalen Gemeinschaft, im Verhältniß zur Natur als einen an der Mutter hängenden Sprößling derselben fühlt, erfaßt die Poesie — im Orient, wie bei Hellenen und Germanen — in der Heldensage, im Epos den Menschen nicht als Subjekt im modernen Sinne, sondern als ein dem heimathlichen Boden entsprossenes Naturgewächs, bringt also dieselben typischen und in sich ungeschied'nen Gestalten, die auch der Plastiker in Stein und Erz bildet. Ruhen sie aber bei Diesem still in sich, so zeigt der epische Dichter seine Volks = und Stammhelden in Bewegung, handelnd und leidend, und dabei muß sich bald herausstellen, daß ihr Schwerpunkt nicht sowohl in ihnen selbst, als vielmehr in der Gemeinschaft liegt, der sie angehören, und daß folgerecht dieselben Gewalten, von denen der letztern Schicksal abhängt, auch über ihren Häuptern entscheidend schweben. So treten sie nicht frei, sondern gebunden,

an Götter und Dämonen, an höhere Mächte gebunden
auf und zwar, denn das ist für den epischen Stand=
punkt charakteristisch, ohne diese Unfreiheit als solche
zu empfinden, wie denn die jugendlichsten Helden den
über sie verhängten bitterfrühen Tod willig hinnehmen.
Selbst die neue erzählende Dichtung, der Roman,
der sich zum alten Epos verhalten mag, wie das Ge=
mälde zum Relief, stellt ihren Privatmenschen in ähn=
licher Abhängigkeit — zwar nicht von überirdischen,
wohl aber von irdischen Wesen der mannigfaltigsten
Art dar — es sei denn, daß der Verfasser eines Wer=
ther, der Wahlverwandtschaften und Lehrjahre
falsch urtheile, wenn er meint, der Romanheld müsse
leidend, wenigstens nicht in hohem Grade wirkend
sein.

Fängt aber der Mensch in seines Werdens Verlauf
einmal an, „Ich" zu sagen, beginnt das Individuum
ein eig'nes, persönliches Binnenleben, das es dem er=
scheinenden da draußen in Natur und Menschenwelt
gegenüber=, entgegenstellt; fühlt sich der Einzelne nicht
mehr brüderlich verwandt mit den Thieren und Pflan=
zen seines Landes, nicht mehr als Iranier, Grieche,
Angelsachse oder Ostgothe, sondern als Mensch, der
das Menschenthum in seiner eigenthümlichen Weise zu
reflektiren strebt und Alles, was sich ihm von außen
als bestimmendes Moment aufdrängt, als Hemmniß
und Fessel, als Feind betrachten muß: dann überfluthet
in den Stunden der Erregung dieses Gefühl seiner Ei=
genheit die Lippen, er singt sich die schwerdrückende Last

vom Herzen, befreit sein Inneres in der Lyrik, durch
das Lied. Da kommt denn die Musik glückselig herbei=
geeilt, schlägt die geschmeidigen Arme liebkosend um
Hals und Nacken der trauten Schwester, und Arm in
Arm wallen sie, sich gegenseitig leitend und stützend, in
alle Lande hinaus als das holdeste Paar, das Men=
schen begegnen kann. Sehen Sie, ich bitte, darin kein
müßiges Bild! Wie die Musik erst durch Vermählung
mit der Poesie, erst im Liede Halt und Klarheit er=
langt, so werden die Tiefen des lyrischen Gefühls erst
in der Melodie erschöpft und dieses, das als bloß ge=
sprochenes nur Einem Volke verständlich war, seinem
Wesen nach allen Herzen unter dem weiten Firmament
zugeführt, um, wie ein Dichter die Heilkraft des ge=
sungenen Liedes glücklich bestimmt, ihre Leiden gewaltig
anzuregen, hervorzurufen und in auflösenden Schmer=
zen zu verflüchtigen. Schöner aber und treffender zu=
gleich läßt sich das Verhältniß beider Künste schwerlich
ausdrücken, als es Karl Beck in den Zeilen ge=
than:

> „Ein Kind der Liebe ist des Dichters Sang,
> Ein Waisenkind; es irrt auf Erden bang,
> Da naht Musik mit heiligem Erbarmen
> Und wird zur Mutter dem verlaß'nen Armen;
> Sie kleidet es und führt mit süßer Bitte
> Das heimathlose in des Volkes Mitte
> Und Jeder herzt es, küßt es, schmückt es aus,
> Die halbe Welt wird ihm zum Vaterhaus."

O gewiß, und darum kommt auch das echte Volks=

lieb mit der Melodie zur Welt; der Poet aber, der kei=
nen, keinen Componisten findet: er sei, was er wolle,
ein Genie, ein halber Gott — ein Lyriker ist er
nicht.

Und wenn nun endlich die Sonne der Bildung hoch
emporsteigt am Horizonte der Menschheit und ihr die
Beziehungen, die den Einzelnen an Dinge und Ver=
hältnisse knüpfen, in so helles Licht stellt, daß sie als
bloße Consequenzen seiner freien Verfügung über diese
letztern erkannt werden müssen, die ohne solch' eine
Freiheit so wenig da sein könnten, wie diese ohne sie:
dann schießt die Dichtung mit unerhörter Federkraft
empor und treibt ihre farbigste, mächtigste Blüthe im
Drama unsrer Zeit, jenem allumfassenden, tiefklaren
Bilde des Lebens, aus dem uns, wie auch die Helden
Namen haben, allenthalben mit urgewaltigem Klange
das Wort der Jungfrau von Orleans entgegen=
schallt:

„Dein Schicksal ruht in deiner eig'nen Brust!"

Ich sage: im Drama unsrer Zeit, denn des orien=
talischen zu geschweigen, gilt das von der griechischen
Tragödie bekanntlich nicht, obgleich auch dort die Ah=
nung, daß der Mensch selber sein Loos sich schmiede,
bald schwächer, bald stärker angedeutet im Hintergrunde
schwebt, eine sophokleische Antigone z. B. an das
Trauerspiel der Gegenwart stark anklingt und der so=
kratisirte Euripides mit seiner Ironie entschieden
vorwärts zeigt. Zwar von lyrischem Gefühlsausdrucke

begleitet, wohl gar überschwellt, wird doch die Begeben=
heit selbst in epischer Weise gefaßt, während das mo=
derne Drama dieser Auffassung geradezu entgegentritt.
Nicht nur, daß es statt der Stamm= und Geschlechts=
typen Individuen gibt, die anderntheils wiederum eine,
mehrere, gar alle Seiten des Allgemeinmenschlichen
verkörpern: es will, was vor Allem zu beachten ist,
nicht den bestimmten Einfluß, den Fügung, Schicksal,
Verhältnisse, überhaupt die Außenwelt selbstständig
auf den Menschen übe, sondern umgekehrt die entschei=
dende Einwirkung des Menschen auf die Außenwelt
nachweisen, die erst als eine von ihm bestimmte auf
ihn zurückwirke. Mag das Drama als Komödie in
heiterem Spiele die Selbstvernichtung der Willkür, der
Laune, Eitelkeit, kurz: alles Endlichen, Wesenlosen und
Unwahren — mag es als Tragödie mit hehrem Ernste
die unerbittliche Reaktion der Welt, die der Einzelne
durch berechtigtes, aber einseitiges Ankämpfen gegen
sie hervorruft, um selber als ihr Opfer zu fallen und
nur den einstigen Sieg des wahrhaft höheren Prinzips,
das er vertrat, in der Perspektive zu lassen — oder
endlich als Drama im kühnsten Sinne des Worts das
freie Sich=Einfügen des geläuterten Subjekts in die
von ihm selbst veredelte Wirklichkeit schildern, nachdem
das Unberechtigte an ihm, wie an ihr sich humoristisch
aufgelöst hat: immer stellt es das sogenannte Verhäng=
niß als Resultat unsres eig'nen, zum Charakter erstar=
renden Wollens, das äußere Loos des Menschen im
Wesentlichen als getreuen Ausdruck, als die bloße Er=

ſcheinung ſeines inneren Weſens, als die adäquate
Form dar, in der ſein Inhalt ſichtbar wird,
und ſo findet ſich die der Schönheit unentbehrliche Con=
gruenz von Gehalt und Geſtalt im Drama als dem
grandioſeſten Kunſtwerke auch in der grandioſeſten Weiſe
erreicht. Nun iſt jedes Mißverhältniß gehoben, das in=
nerliche Hadern und Grollen hat ein Ende; ausgefüllt
iſt der Abgrund, in deſſen reizend dunkle Tiefe ſich ganze
Zeitalter hineinſtürzten. Der himmliſche Einklang, der,
aus des Dichters Buſen bringend, „in ſein Herz die
Welt zurücke ſchlingt,“ erfüllt alle Räume; friſcher,
heiterer Muth begleitet jedes neue Beginnen, die ſchwere
Arbeit der Selbſterziehung wird leichter im Hinblick
auf die ſelbſtmörderiſche Tendenz unſrer Schwächen,
und den Unterliegenden umfächelt Friede, wie einen
Egmont ſein köſtlicher Traum an der Schwelle des
Todes.

Da ſtände denn — wer wagt’s zu leugnen? — der
Künſtler als Hoheprieſter vor uns! Freilich nicht die
Iffland und Raupach, die Holtei und Birchpfeiffer,
noch viel weniger ein Müllner und Houwald, oder gar
die zahlloſen Pfuſcher, denen man mit Wilh. Meiſter
wünſchen möchte, daß das Theater ſo ſchmal wäre, wie
der Draht eines Seiltänzers, damit ſie — ſich nicht
hinaufwagten; aber die Shakeſpeare, die Göthe
und Schiller und — warum ſollen wir ſie nicht zum
Voraus mitzählen? — die Dramatiker kommen=
der Tage, in deren Geiſtesadern als abgeklärter Feuer=
wein glühen wird, was in einem Grabbe und Hebbel

erst als trüber Most gährt. Auch sie werden sich finden;
wer aber schon jetzt in des phänomenalen Britten Werke,
so groß und ewig wie die Welt, etwas tiefer hineinge=
schaut, wer eine Iphigenie, einen Wallenstein, Tasso
und Faust nicht gerade im Halbschlafe gelesen, und
Schiller's herrlichen Mahnruf:

> „Nehmt die Gottheit auf in euren Willen,
> Und sie steigt von ihrem Weltenthron.“

noch nicht versteht; wer dann noch klagen und jammern
kann über harte Geschicke und die leidige Ohnmacht des
Menschen: nun, der lasse sich von Bellini's bleichsüch=
tigster Melodie in magnetischen Schlaf einlullen und
verträume, als ein hüben und drüben unbrauchbares
Ding, in Gottes Namen Zeit und Ewigkeit. „Thatkraft
wecken soll der Poet“ läßt Aristophanes seinen Aeschy=
lus sagen: wo nichts zu wecken ist, da hat der Kaiser sein
Recht verloren.

Noch Einen Augenblick, und wir sind zu Ende. In=
dem das Drama seiner Personen Innerstes in energi=
schen Gefühlen sich offenbaren läßt, um aus ihnen als
seiner Quelle das Geschehende entspringen zu lassen,
faßt es die andern Gattungen der Poesie: Lyrik und
Epos, und da jene nur die Verklärung der bildenden
Künste, diese die der Musik ist, eigentlich alle Künste
zu einer Einheit, zur Kunst wieder zusammen, wie's
denn auch alle zugleich auf der Bühne formell an sich
zieht. Diese Kunst aber wird dann, nicht nur aus der
abstrakten Innerlichkeit der Musik, sondern überhaupt

aus ihrer abgesonderten Sphäre in's Leben, in's wirk=
liche Leben mit Fleisch und Blut hinüber geleitet, denn
durch die Aufführung, bei welcher das Organ des Poe=
ten nicht mehr reingeistiger Art, sondern der leibhaftig
durchgeistete Mensch, der Schauspieler ist, wird das
Drama selber lebendig, tritt uns als lebendes Wesen
vor die Sinne, vor Auge und Ohr. Die Kunst, die von
der Wirklichkeit ausgegangen, kehrt, nachdem Alles
geeint und versöhnt ist, in diese zurück: der Kreislauf
ist vollendet.

V.

Kunstideal und Leben.

Was im Verlaufe unsres dritten Vortrags einstwei=
len als Behauptung aufgestellt wurde, dürfte in Folge
des, gewiß nicht gründlichen, aber hoffentlich un=
befangenen Einblicks, den wir seitdem in das Wesen
der einzelnen Künste gethan, nun als Thatsache fest=
stehn. Wohl theilen sie schwesterlich das Universum, so
daß dem ersten Paare die physische, der Trias der
Andern die psychische Hälfte zufällt; zugleich aber
schreitet jede Kunst über die ihr vorangehende hinaus,
und die letzte in unsrer Reihenfolge muß demzufolge auch
als die höchste erscheinen.

Greift dort die Baukunst zur anorganischen Na=
tur, deren vielfach versteckte, wie durch Zufall unter=
brochene symmetrische Ordnung und Continuität, in
welcher jede Einzelgestalt nur die Bedeutung des inte=
grirenden Theiles hat, sie in idealem, zugleich die Ord=
nung der sittlichen Welt spiegelndem Abbilde durch=
greifend und augenfällig darstellt, so verherrlicht die
Skulptur den, jene geregelte Einheit durchbrechenden
freien Organismus, wie er, auf eigenen Füßen daher=
schreitend, in sich wurzelnd und auslaufend, zugleich als
Symbol der sittlichen Freiheit in's Auge springt. Bringt

hier der Maler den Allzusammenhang des seelischen
Sein's so energisch zur Anschauung, daß er ihn durch
jegliches lebende Wesen, zum Scheine sogar durch die
Wolken und Berge der Landschaft hindurchschimmern
läßt, so macht der Musiker ebenso ausschließlich das
Gefühl der absoluten Selbstständigkeit geltend, wie es
allem Abhängen zum Trotze Jeder von uns in sich
trägt — die Souveränetät des Gemüths, die er in sei=
ner Tonwelt wunderbar reich krystallisiren läßt, um
mit der Milde eines Heilands, was da mühselig und
beladen ist, zu tiefinnerster Erquickung zu rufen.
Der Dichter aber, mag er immerhin im Epos das
selbsteigne Wollen noch als freveln Uebermuth, als
Trotz gegen Götter und Geschick schwerer Ahndung
verfallen lassen, mag er in der Lyrik die zwingenden
Einflüsse, die Welt und Leben auf das Ich üben, noch
als drückende Bürde empfinden, die eine äußere Gewalt
ihm aufgelegt und die es nur auf Augenblicke vergessen,
nur resignirend, nie aber mit Freuden tragen könne:
im Drama, dem Weltbilde, das die Wirklichkeit an
Wahrheit übertrifft, läßt er zu seiner und unser Aller
Beruhigung unverkennbar an den Tag kommen, wie
gerade in jenem eigenen Wollen die göttliche Fügung,
in diesem Verhängniß nichts als das eigene Wollen
zum Ausdruck gelangt, und indem er die geheimen Fä=
den bloßlegt, die, aus der Menschen Brust hervortre=
tend, sich zu dem dichten Netze verweben, das wir ihr
Schicksal zu nennen pflegen, überzeugt er von selbst,
daß man der Müh' und Arbeit des Lebens nicht zu ent=

fliehen habe in die Hesperidengärten da drinnen, son=
dern das mit eig'ner Hand gezimmerte Kreuz — nicht
etwa als Last jammernd auf die Schultern nehmen,
nein: als Stütze und Stab, als ein tüchtiges Förde=
rungsmittel heiter und rüstig ergreifen könne, ergrei=
fen müsse. So erblickt die Dichtung, sich hinwegschwin=
gend über die zwischen den andern Künsten herrschenden
Gegensätze, in den scheinbar widersprechenden Momen=
ten des inneren Lebens bloße Erscheinungsweisen
Eines Geistes, sieht diesen Geist als die Seele der Rea=
lität, die Realität als den fleischgewordnen Geist — ihn,
den Einen, als Alles und das All als Eins!

Fürchten Sie indeß nicht, diese über= und unterord=
nende Gliederung der Künste nach dem Wesen ihrer Ob=
jekte könne oder solle — um unzweideutig zu reden —
die Bedeutung haben, daß nun jegliche Leistung des
Architekten unter der des Bildhauers und Malers, die
des Componisten unter des Dichters Werk stände. Wer
möchte das behaupten? Nicht der Gegenstand, den ein
Künstler darstellt, gibt ja seiner Arbeit ästhetischen
Werth, sondern die Schönheit der Darstellung,
und die gleiche Würde, den ebenbürtigen Adel aller
Künste als selbstverständlich voraussetzend, wird der
Kunstrichter Bau und Gemälde, Statue und Orato=
rium nimmermehr an einander, jedes für sich viel=
mehr an dem Maßstabe messen, den ihm der unwandel=
bare Begriff jener Schönheit in die Hand gibt. Ent=
spricht ein Werk diesem Begriffe nicht, so habe es das
Höchste und Größte zum Vorwurfe: unerbittlich wird

er's verwerfen müssen. Das bloße Wollen mag auf sittlichem Gebiete entscheidende Bedeutung haben, auf dem ästhetischen hat es keine.

Die Schönheit nun, um die es sich einzig handelt, erblickten wir in der durchsichtigen Klarheit, der sich beschränkenden Treue und wiederum der erschöpfenden Fülle, womit der ideelle Inhalt zur Erscheinung, zum Ausdrucke kommt. Vor allen Dingen muß der Gedanke des Künstlers aus seiner Schöpfung förmlich hervorspringen. Gemalte Figuren, bei denen man in Zweifel geräth, ob sie sich Liebeserklärungen oder Impertinenzen machen; eine musikalische Composition, die den Hörer vor lauter Tanzlust nicht zum Beten, vor lauter Andacht nicht zum Tanzen kommen läßt; ein Gedicht, bei dem man, im Begriffe zu weinen, urplötzlich in unaufhaltsames Gelächter ausbricht: das und Aehnliches vertreten zu wollen, würde mehr als Kühnheit verrathen. Ueberdies darf und soll nichts in der Darstellung sein, was nicht wesentlich zum Ausdruck jenes Gedankens gehörte, andrerseits aber vom Erforderlichen auch nicht das Mindeste fehlen. Der Künstler soll wissen, daß Atlas und Brillantschmuck, in die er die Betende kleidet, und wäre der eine noch so rauschend, noch so blitzend der andre gemalt, das Gemälde ebenso verderben, wie der Krimskrams von willkürlichen Fischblasen die Fenster des Münsters, eine Armee von Figuren die Melodie, der anspruchsvoll prunkende Styl die Lyrik und jegliche Episode das Drama. Wissen soll er nicht minder, daß man einen Kriegshelden, den Repräsentanten phyſiſchen Muthes und phyſiſcher Kraft nicht als Büſte, ſondern als Statue ſehen will; daß ein hiſtori= ſches Bild, um keines Commentar's zu bedürfen, das Coſtüm nicht vernachläſſigen — eine Ouvertüre, damit alle Welt das zu erwartende Werk ahnen, mitſchaffen könne, keines weſentlichen Motiv's der Oper entbeh= ren — eine Hymne nur in den edelſten Sprachformen erklingen darf. Nie vergeſſe er, daß jeder Ueberſchuß der Form über den Inhalt, des Inhalts über die Form die lebendige Einheit zerſprengt. Nur wo kein Riß klafft, keine Kluft uns angähnt zwiſchen dem unendlichen Geiſte und dem endlichen Leibe; wo ſich beide, einander auf ewig genug, innigſter Eintracht voll in die Arme ſin= ken, Eins nur im Andern, Eins nur für's Andere le= bend; wo im Ideale die Idee unmittelbar Geſtalt an= genommen und ſo zu ſagen perſönlich vor uns hintritt: nur da klingt die Harmonie des Ganzen in unſre Seele hinüber und zwingt ſie mitzuklingen in himmliſcher Luſt.

Wie aber? Wenn uns die Kunſt unaufhörlich ihre Ideale, eitel Schönheit und Vollendung vorhält, wenn ſie neben dem vielfach mißwachſenen und verkrüppelten Baume des Lebens faſt wie zum Hohn ihren prachtvol= len Wunderbaum auf unerſteiglicher Höhe emporſchie= ßen, immer neu grünen, immer neu blühen läßt, muß uns da nicht mit der Zeit tiefe Abneigung erfüllen ge= gen die unſchöne, oft geradezu widrig und häßlich er= ſcheinende Wirklichkeit? Müſſen wir uns nicht verſucht fühlen, dieſer voll Geringſchätzung den Rücken zu kehren,

uns, selbst bei der mildesten Gemüthsart, nicht wenig=
stens hinaussehnen? Oder könnten wir nicht umgekehrt
der Kunst zürnen, daß sie ewig des Tantalus Früchte
vor unsre Lippen halte, ihren Jünger verwünschen,
daß er nichts als Unzufriedenheit in uns säe, und ihm,
wie es keineswegs unerhört ist, seine Thätigkeit als
Tagedieberei vorwerfen mit der verweisenden Mah=
nung, er solle seine Ideen nicht künstlerisch, sondern
praktisch realisiren, solle arbeiten, die Wirklichkeit
fördern?

Allerdings ist sie verführerisch, jene melancholische
Verzweiflung am Leben, wie sie ihren klassischen Aus=
druck in den Versen des edlen Platen gefunden:

> „Wer die Schönheit angeschaut mit Augen,
> Ist dem Tode schon anheimgegeben,
> Wird für keinen Dienst der Erde taugen,
> Und doch wird er vor dem Tode beben:
> Wer die Schönheit angeschaut mit Augen!
>
> „Ewig währt für ihn der Schmerz der Liebe,
> Denn ein Thor nur kann auf Erden hoffen,
> Zu genügen einem solchen Triebe:
> Wen der Pfeil des Schönen je getroffen,
> Ewig währt für ihn der Schmerz der Liebe!
>
> „Ach, er möchte wie ein Quell versiegen,
> Jedem Hauch der Luft ein Gift entsaugen
> Und den Tod aus jeder Blume riechen:
> Wer die Schönheit angeschaut mit Augen,
> Ach, er möchte wie ein Quell versiegen.“

Aber in der Ueberschrift schon bezeichnet der Dichter

selbst solch' eine Schwermuth als Ausfluß trübster Stimmung, und in der That beruht sie allenthalben, wo sie den Menschen dauernd beherrscht, auf krankhafter Eitelkeit. Nur Der kann mit dieser Abkehr Ernst machen, dem sein Ich allein für ein ideales Leben reif erscheint, dessen Aufgang nur verhindert werde durch die leidige Unwürdigkeit aller Andern; der gute Mensch aber, der den Grund der realen Mißverhältnisse ebensowohl in eigener, wie in fremder Unvollkommenheit fühlt, wird eine derartige Verstimmung, dafern sie sich auf Augenblicke seiner bemächtigen sollte, innerlich beschämt zu unterdrücken eilen.

Stärker noch erscheint die Versuchung, die auf den andern Abweg lockt, der Reiz nämlich zur Polemik gegen die Scheinwelt der Kunst, zur Aufstellung der Forderung, die in ihr erstarrende Gestaltungskraft solle sich frei strömend in's Leben ergießen, daß dieses Leben selbst ein schönes, ein ideales werde. Gar leicht und lieblich ist's, sich die Herrlichkeit auszumalen, wenn in Folge dessen jeder Einzelne als lebendige Statue, als ein in sich geschlossenes Ganze voll Mark und Lebensfülle, der Gestalt des Malers gleich vom Höhern, vom Ewigen durchwärmt und durchleuchtet, sich ungezwungen einfügte in den großen symmetrischen Menschheitsbau, von ganzer Seele einstimmte in das milliardentönige Weltconcert, um gerade in dieser spontanen Hingabe den Triumph der eigenen Freiheit mit vollem Bewußtsein zu feiern — wenn jeder Mensch, jede Gemeinschaft ein Kunstwerk wäre, wie das Ganze, und wir alle Dome und Theater, alle Cabinette, Gallerieen und Conservatorien jubelnd einreißen könnten. „Welch Schauspiel — aber ach, ein Schauspiel nur!" — Zwar eine Wiederholung der alten Klage über die Mangelhaftigkeit alles Sublunarischen, mit der man auf das Luftige dieser reizenden Phantasie hindeuten könnte, würde nicht viel beweisen; laffen Sie uns indeß einfach fragen, ob das in ihr vorausgesetzte Zusammenfallen von Ideal und Wirklichkeit irgendwo und irgendwann denkbar sei. Unmöglich; das Ideal jeder Entwickelungsstufe hat eben sein Wesen darin, daß es sich als die Verklärung der gleichzeitigen Wirklichkeit von ihr unterscheidet, ihr in die Zukunft voraneilt und folgerecht, wie viel Gutes und Schönes diese auch aufzuweisen habe, nicht Eins mit ihr sein kann. Das ist freilich kurz gesprochen, aber verständlich gewiß, und überzeugend, denk' ich, auch!

Doch sollte nun jenes Ideal, weil es nicht unmittelbar die Wirklichkeit in sich, sich in die Wirklichkeit aufzulösen vermag, ganz ohne Einfluß auf die reale Welt sein? Wäre die Kunst Dem, der sie treibt, nichts als ein Mittel, à la Heine sein Genie, seine Bravour zu zeigen — Dem, der sie liebt, nichts als ein zierliches Spielwerk, ein angenehmer Zeitvertreib, nur darum zu preisen, weil er uns durch überlegene Anziehungskraft von positiv verderblichen Zerstreuungen fernhielte? Der Himmel bewahre uns vor solch' einer Blasphemie gegen die Zwillingsschwester der Religion, die nach Göthe's tiefwahrer Bemerkung von dieser nur darin ver-

schieden ist, daß sie das in und um uns wohnende Hei=
lige nicht formlos, sondern in der schönsten Form
anerkennt und anbetet! Dem Leben der Gegenwart ent=
sprungen, zeichnet sie das Leben der Zukunft nicht bloß
mit prophetischem Griffel vor: nein, sie hilft es schaf=
fen, erzeugen, indem sie unsern Sinn, mit ihm
und durch ihn aber die Welt von heute in die
einer schönern Zeit hinüberbildet. Langsam, un=
merklich geht so jedes wahre Ideal seiner Verwirkli=
chung entgegen, und „Was man in der Jugend wünscht,
hat man im Alter die Fülle“ kann die Menschheit mit
weit größerem Rechte sagen, als irgend ein Einzelner.
Was wir vor dem Kunstwerk als Schönheit empfinden,
einmal muß es Wahrheit werden. So lange die Welt
steht, ist's so geschehen, und wem das „Wie“ auch nach
unsrer eben gegebenen Erklärung noch ein Räthsel sein
sollte, dem erlauben wir uns diese mit den Worten zu
wiederholen, die Schiller in den „Künstlern“ der
Menschheit zuruft:

> „Was bei dem Saitenklang der Musen
> Mit süßem Beben dich durchdrang,
> Erzog die Kraft in deinem Busen,
> Die sich dereinst zum Weltgeist schwang.“ —

Ja, die Kunst erzieht den Menschen. Nicht mit ma=
gistraler Absichtlichkeit, denn unbefangen muß, wie der
Betrachter, so auch der Schöpfer des Schönen sein; die
mächtige Wirkung, die sie übt, ist von selbst an ihre
holdselige Gegenwart geknüpft. Sie erzieht, wie edle

Gesellschaft; wie diese hebt sie langsam, aber sicher zu sich hinauf, und was man vom Olympier des Phidias gesagt, in ihm sei der Gott zum Menschen geworden, um den Menschen zum Gott zu erheben, darf ohne irgend ein Bedenken auf die Kunst im Allgemeinen bezogen werden.

Wir erwähnten einmal, wie sie dem Glauben und der metaphysischen Erkenntniß dadurch das Siegel der Bestätigung aufdrücke, daß sie uns das Höhere in unverkümmerter Gestalt vor die Sinne, direkt vor Auge und Ohr führe. Wohlan, indem sie das Endliche und Vergängliche als bloßen Ausdruck eines Ewigen und Unendlichen, das Geistige selbst als ein sinnlich Erscheinendes darstellt, führt sie nicht nur den auf vornehme Isolirung bedachten Geist, seinen Hochmuth leise verscheuchend, zur Stoffwelt, zur Natur zurück, sie leitet auch umgekehrt die Sinnlichkeit zum Geiste empor, schließt das Innere auf und gewöhnt uns bei Allem, was uns begegnet, den Blick vom Zufälligen hinweg auf das Wesentliche, vom Gemeinen auf's Allgemeine zu richten. Möglich, daß es Glückliche gibt, die deß nicht bedürfen; die Mehrzahl von uns muß fühlen, wie heilsam, wie nothwendig es ist. „Der Mensch — läßt Göthe mit Fug seinen Serlo äußern — ist so geneigt, sich mit dem Gemeinsten abzugeben, Geist und Sinne stumpfen sich so leicht gegen die Eindrücke des Schönen und Vollkommenen ab, daß man die Fähigkeit, es zu empfinden, bei sich auf alle Weise erhalten sollte.... Man sollte, sagte er, alle Tage wenigstens ein kleines

Lied hören, ein gutes Gedicht lesen, ein treffliches Ge=
mälbe sehen, und, so möchte ich hinzufügen, die schlech=
ten Bilder und Lieder unnachsichtlich aus seiner Nähe
verbannen, damit sie keine unreine Stimmung erre=
gen.

Rein stimmt allein die Schönheit, und darin liegt
die zweite, vielmehr die Haupt= und Grundwirkung der
Kunst auf den Menschen. Der volle Einklang von Form
und Inhalt, die strahlende Klarheit, mit der sich das
Inn're im Aeußeren spiegelt, wie das edle Verhältniß
aller Theile des Kunstwerks zu einander und zum Gan=
zen: wer könnte sie ansehn, ohne zugleich, auf sich zu=
rückgewiesen, tief zu fühlen, wie viel ihm selber an
Ebenmaß und Verhältniß, an durchsichtiger Offenheit
und Harmonie von Wesen und Erscheinung noch fehlt —
ohne das Rohe und Formwidrige, alles Unklare, Un=
wahre und Mißklingende in sich als häßlich zu empfin=
den?! Diese Empfindung aber ist schon der Befreiung
Anfang; sie nimmt an Stärke, an Lebhaftigkeit zu,
steigert sich zu Abscheu und Widerwillen, indem uns
der fortdauernde Einfluß der Kunst die Schönheit all=
mälig zum Bedürfniß, zur andern Natur macht.
Eins jener störenden Elemente verschwindet nach dem
andern, und wir mögen, wir können ihm keinen Platz
mehr einräumen, weil es die veredelten Triebe selbst
beleidigt, statt sie zu reizen. Ja,

> „wenn wir erst in abgemeß'nen Stunden
> Mit Geist und Fleiß uns an die Kunst gebunden,
> Mag frei Natur im Herzen wieder glühen."

Von innen heraus treibt es uns dann, all' unsre Kräfte, Fähigkeiten und Neigungen in stetes Gleichgewicht und den ewigen Inhalt unsrer Brust, das Echtmenschliche in uns zu unverfälschtem Ausdruck zu bringen, in stillem, fröhlichem Läuterungsprozesse zu wahren, reinen Menschen zu werden. Näher und näher kommen wir dem absoluten Einklange des Bewußtseins mit der Empfindung und Beider mit Wort und That, dem Einklange dessen, was wir sein sollen, mit dem, was wir sind und scheinen, und dieser wiederum schöne Einklang ist das Höchste, was Menschen erstreben können, ist die Basis aller Sittlichkeit, ja die Sittlichkeit selbst. In ihm ist man gut um des innern Friedens, um des Gutseins willen, und so verliert der bekannte Satz der Stoiker, daß das Gute allein schön sei, gewiß nicht an Wahrheit, wenn man ihn dahin umstellt, daß das Schöne allein gut sei. Tugend ist Schönheit, Schönheit ist Tugend. Was die Harmonie im Universum stört, ist nicht sowohl Sünde und darum häßlich, als vielmehr häßlich und darum Sünde, und wenn alle Religionen das Böse nebenbei als Widerspruch, den Teufel als häßlich darstellen, so ist nur zu bedauern, daß nicht alle so weit vorgehn, den Widerspruch als das einzig Böse, das Häßliche als den wahren Teufel zu bezeichnen.

Doch wir wollten nicht kritisiren, uns nur die Zauberkraft der Schönheit vergegenwärtigen, die allen Zwiespalt, allen Streit und Hader in uns unablässig zu schlichten, zu stillen strebt. Und sind wir erst in Frieden, in Harmonie mit uns, o so strömt diese von selbst hinüber in all' unsre Verhältnisse zur Außenwelt, um so gewisser und mächtiger, da uns die Kunst zugleich gelehrt, in allem sinnlich Lebendigen ein über die Sinnlichkeit hinausgehendes Höhere, ein Geistiges und somit dem eigenen Geiste Verwandtes zu erblicken. Ohne Wissen und Willen werden wir, was da lebt, in humaner, liberaler Weise seiner Natur gemäß behandeln, worin einst Clarke das wahre Wesen der Tugend erkannt haben wollte, allenthalben nur Unterschiede, keine Gegensätze mehr sehen, und solche Unterschiede im Gleichartigen — sie sind ja gerade das, was die Liebe, die Liebe hervorruft. Die aber bewacht nicht nur, wo sie einmal waltet, des Herzens Adel als der treueste Hüter, sie beglückt, beseligt, bereichert um alles Geliebte, sie erst gibt uns das Universum zu Erb' und ew'gem Lehen, denn

„... was du ewig liebst, ist ewig dein!" —

So klärt und durchwärmt, so sänftigt und verschönt das Anschau'n des Ideals unser Verhältniß zu uns wie zu jeglichem Andern. Es hebt den Menschen aus sich selbst, aber nur, um ihn wieder mit sich, wie mit der Welt in reinste Uebereinstimmung zu setzen, ihn — was freilich kaum mehr als ein Pleonasmus ist — glücklich und gut zugleich zu machen. Und in welch' gewaltiger, in welch' unwiderstehlicher Art weiß dieses Ideal sich unsrer zu bemächtigen! Da gilt kein Sträuben, kein Wehren! „Dem wahrhaft Schönen, sagt der Alte, sind wir gezwungen, uns hinzugeben," wer aber hätte je einen süßeren Zwang erfahren? — Treten Sie einmal im Zwielicht in die heiligen Hallen unsrer Cathedrale oder bei klarem Mondenschein ihrem Westportal gegenüber; setzen Sie sich in einer Antikensammlung, enthielte sie auch nur gute Abgüsse, vor der holden Venus von Milo oder dem in eig'ner Blüthe schwelgenden Apoll nieder; lassen Sie den Blick einmal länger auf den schmausenden Bettelbuben Murillo's oder auf Leutze's Washington haften, wie er durch die Eisschollen des Delaware steuert; schaukeln Sie sich einmal auf den maßvoll bewegten Tonwellen einer Symphonie, eines Quartetts von Haydn oder lauschen einmal hingegeben dem Vorleser von Hermann und Dorothea: ob es nicht von vorn herein wie ein englischer Gruß über Sie kommt, ob Sie nicht eine unaussprechlich tiefe, fast schmerzliche Rührung, eine Durchschütterung Ihres ganzen Wesens empfinden, ob Sie nicht erbeben wie der knospende Baum im Regenschauer des Frühlings? O, man müßte unheilbar verstockt sein, könnte man vor Einem dieser göttlichen Gebilde stehn, ohne daß der innerste Busen durchströmt würde vom Zauberhauch, der ihren Zug umwittert — unheilbar verstockt, wenn es nicht lind und milb wie Rebentraube würde, das oft so kalte, strenge Herz, wenn auch nicht eine Thräne um Auslaß an des Auges Pforte klopfte!

Und wissen Sie, was dieses Schauern bedeutet? Es ist die Erschütterung des alten Menschen in uns, den die Ahnung durchriefelt, mit ihm könn' es zu Ende gehn,

ist das Zittern des schlechten Ich's vor dem nahenden
Tode. Wohl leider erschrickt es in tausend und aber tau=
send Fällen ohne Noth; der Mensch geht zurück in's
Alltagsleben, sorgt, ringt und müht sich ab, daß der
Schweiß von der Stirne fließt, und weil es so gar schwer
ist, jenes Ich zu erhalten, so wird es, dem kränkelnden
Kinde gleich, wieder mit doppelter Sorgfalt gehegt und
gepflegt, wird wieder der Liebling, der Tyrann. Wo
aber der erste magische Eindruck ungestört fortwaltet,
durch beständige Nähe der Kunst täglich aufgefrischt und
verstärkt wird, da klärt er sich nicht nur zu der vielfach
betonten gleichmüthig freien Stimmung des Geistes ab,
die da Kraft und Rüstigkeit gibt zu allem Guten : nein,
das dunkle Gefühl tritt mit der Erhellung, je nach der
Besonderheit des Betrachtenden und Betrachteten, in
bestimmte Empfindungen auseinander, die Empfindun=
gen erzeugen Gedanken und diese eine Reihe von Vor=
sätzen, deren Befolgung zur Nothwendigkeit wird —
die sittliche Wiedergeburt ist da, der neue Mensch er=
steht.

Nicht wahr, es ist doch kein bloßes Gerede, das be=
geisterte Preisen der ästhetischen Bildung? Ach, wer
sich rühmen könnte, sie im höchsten Grade sein eigen zu
wissen, sich ganz von ihr durchdrungen zu fühlen!
Welch' ein herrlicher Mensch müßte er sein! Von den
Kunstbauten aller Zeiten und Völker hätte er gelernt,
Hingabe, Maß und Verhältniß zu achten und sie unter
Bewältigung aller elementaren Rohheit und dämoni=
schen Leidenschaft, allen Eigensinns, aller Selbstsucht

in sich darzustellen; die Schöpfungen der Plastik hät=
ten ihn zur freudigen Anerkennung jedes in sich ruhen=
den Ganzen, vorab des Menschenrechts und der Men=
schenwürde geleitet und ihm durch ihre Bestimmtheit,
Selbstständigkeit und solide Gediegenheit alles Halbe,
Feige, Hohle und Zerfahrene an sich und Andern gründ=
lich verleidet; von der Maler Werken würde er den
Drang heimgetragen haben, in aller Materie nur den
Geist zu suchen, der sie beseelt, dessen bloßer Ausdruck
sie ist, und das eigene sinnliche Sein nie um seiner selbst
willen schalten, stets von dem ihm zu Grunde liegenden
innern Leben so licht als möglich durchscheinen zu las=
sen; mit sanfter Gewalt hätte die Musik jede Verstim=
mung in ihm gleichsam zum Voraus gelöf't, seine Seele
befreit zur Empfänglichkeit für alles Gute, Liebe und
Große, ihn zu melodischer Entwickelung seines Wesens
in reichen Weisen, wie zur Beobachtung jener Richtig=
keit im Zeitmaß und Zusammenklang erzogen, deren
das Leben der Menschen nach dem weisen Plato überall
so sehr bedarf, und ihn für alle Mißverhältnisse versöh=
nende Ausgleichung zu suchen, zu finden angeleitet; die
Poesie endlich würde ihn — nicht zu reden davon, daß
ihren Idealen weit leichter und heiterer nachzustreben
ist, als einem abstrakt hingestellten Ziele — das ganze,
reiche Menschenleben in seiner durchgreifenden Einheit
übersehen, recht eigentlich verstehen gelehrt, vor seinen
Augen den Nebel zerstreut haben, der dem gewöhnlichen
Menschen den Zusammenhang seines Strebens und Er=
lebens verbirgt, beide als getrennt, als unabhängig von

einander erscheinen läßt, und so sähen wir ihn mit
Würde auch das Aeußerste leiden, mit Stahlkraft han=
deln und, was die der bloßen Moralität ein= für allemal
versagte Krone der Sittlichkeit ist, in unerschütterlicher
Ruhe, nicht zu störendem Frieden und dem himmlischen
Gleichmuth leben, den nur das klare Bewußtsein ver=
leiht, daß er, was ihn auch treffen möge, stets hoch
über seinem Schicksal stehn werde. Vor solch' einem
Menschen, der ebenso in sich gedrungen und scharf be=
stimmt, wie hingebend und empfänglich wäre, der mit
dem Geist in den Sinnen, mit den Sinnen in Geist und
Gemüth, immer vollauf lebte, der, vom Poeten ge=
führt, in sich hinein die Welt gebildet hätte, um dann
sein Ich wieder hinauszubilden in sie — wer könnte da
noch zweifeln, daß es die Schönheit ist, durch welche
man nicht nur zur Freiheit, sondern zum Höchsten
überhaupt, zur Vollendung wandelt? Wer könnte
noch zögern einzusehn, daß die Kunst nicht aufschiebt
und hindert, was von den vorhin erwähnten Phanta=
sieen Derer, die sie mit Acht und Bann belegen möch=
ten, in der That realisirbar ist, daß sie's im Gegentheil
begünstigt, fördert, selbst verwirklicht?

Allerdings werden wir, um nicht auch unserntheils
für Schwärmer zu gelten, einräumen müssen, daß,
wo immer ein unserm Bilde entsprechendes Indivi=
duum athmet, neben der Kunst auch die Wissenschaft,
die schon zum vollen Verständnisse jener nicht zu ent=
behren ist, bedeutenden Einfluß geübt haben, und daß
es der Erkornen auch so noch nicht viele, kaum hier und

da einen geben wird. Doch kann uns nichts weniger beirren, als das. Dort erwidern wir, daß jedenfalls zu solch' einer Erziehung die Kunst wesentlich beigetragen, hier dagegen, daß — und wären der Vollendeten noch so wenige, ja gäbe es keinen in der weiten Welt — unzweifelhaft schon viele Tausende leben, die sich dem hohen Ziele nähern, denen die Schönheit als schützender Genius gegen alles Niedrige und Gemeine, als sicherer Führer zum Edlen und Guten zur Seite steht. Von Tag' zu Tage — banale Phrasen über „die gute alte Zeit" werden uns nicht hindern, es zu gewahren — wächst ihre Zahl; sie wirken, weil sie nicht anders können, erhebend, verschönend auf Menschen und Zustände, indem sie, was sie berühren, was nur in ihre Nähe kommt, mit dem eigenen Geiste erfüllen, und auf diesem Wege liefert, wie zum Danke für die Förderung, die es durch die Kunst erfahren, das Leben wiederum Stoff und Anstoß zur Aufstellung höherer, reinerer Ideale. Ein unaufhörlicher, erquicklich reger Wechselverkehr, in dem Ideal und Leben, Leben und Ideal sich gegenseitig läutern, vorwärts-, empordrängen.

Darin liegt das wahre, das wesentliche Verhältniß Beider. Zwar wissen wir recht gut, daß man auch eine Reihe von Vortheilen hervorzuheben pflegt, die dem Leben unmittelbar aus der Uebung der Künste erwachsen können, daß man namentlich oft, und doch vielleicht nicht oft genug darauf hingewiesen, wie die bildenden, ohne ihre Würde zu beeinträchtigen, in freiwilliger Dienstbarkeit das Nothwendige und Nütz-

liche verschönen, wie Malerei und Poesie Tendenzen
verbreiten dürfen und sollen, die, wenn sie anders rein
und in den richtigen Schranken gehalten sind, höchstens
dem pseudo-ästhetischen Fanatiker unzulässig erscheinen. Nur sind und bleiben das Nebensachen, die mit
dem hehren Beruf der Kunst als solcher nichts gemein
haben. Was ihr von derartigen Dingen am Wege liegt,
mag sie mitnehmen; von diesem Wege aber darf nichts
sie ablenken, und er führt eben dem Ziele zu, das wir
bezeichneten. Die Welt überwindend, hat sie, wie der
Dichter spricht, in ihren Flammen das Vergängliche
zu verzehren, ist selber das Feuer, in dessen Gluthen
der Phönix des Lebens sich täglich verbrennt, um täglich
neuverjüngt aus der Asche zu erstehen.

Dieses heilige Feuer nun, so viel an ihm ist, nähren
zu helfen, das wäre des Künstlers Priesteramt! Schwer
wird es sein, ein würdevolleres zu entdecken; um so fester aber muß auf den hohen Forderungen bestanden
werden, deren wir schon früher gedachten und die nicht
etwa unsre Willkür, die die Kunst selber durch den
Mund ihrer Erwählten an Jeglichen stellt, der ihr dienen zu wollen den Muth hat. Nicht als wäre ein ganzes Lastenheft aufzulegen; der Forderungen sind im
Grunde nur drei, wie der Stützen des Schemels, von
dem der Pythia Orakel ergingen. Auch erinnern sie nicht
an des Herkules, an Hüon's Aufgaben; einfach klingen
sie, gar einfach und natürlich. Und doch: begegnet Ihnen ein Mann, der sie erfüllt, ganz erfüllt, so beugen
Sie sich ihm, um Ihretwillen, bis zur Erde!

Sollen wir sie aussprechen, vielmehr sich aussprechen lassen? Wir können's um so eher, da es hier so wenig, wie im Gebete, viele Worte zu machen gilt.

Also:

Keusch sei er zuerst, der Künstler, sei reinen Herzens!

„Wer Haß im Gemüth, wer Bosheit trägt und wer unlautere
Regung,
Dem weigert die Kunst jedweden Gehalt und die Grazie jede
Bewegung." —

Klar, wie des Auges Blick, sei sein künstlerisches Bewußtsein!

„Die Kunst bleibt Kunst; wer sie nicht durchgebacht,
Der darf sich keinen Künstler nennen." —

Was je ihn hemmen könnte, opfre er mit Freuden auf dem Altar seiner Göttin!

„Dem ergibt die Kunst sich völlig, der sich völlig ihr ergibt
Und die Freiheit heißer, als er Noth und Hunger fürchtet, liebt."

Schafft er bei Alledem auch keine Werke, die weltbewegend, unsterblich wären — des Genius Geleit, es läßt sich nicht erflehen noch erringen — immerhin wird er Bedeutendes leisten, wird nicht zu erblassen brauchen am Tage des Gerichts. Seine Pflicht ist gethan; die unsrige beginnt.

Ja, auch wir Laien, denen zunächst ganz andre Lebensaufgaben zugefallen sind, haben Verpflichtungen gegen die Kunst, die man unzweifelhaft allgemeiner er=

füllen würde, wäre sich Jeder erst klar darüber. Ist denn aber das Verhältniß so complicirt? Würde es doch kein Sterblicher anders als unbillig, um nicht zu sagen: unredlich finden, wenn Jemand bei Privatgeschäften wohl am Ertrage, nur bei Leibe nicht an den Opfern theilhaben möchte, die, ihn zu erzielen, gebracht werden mußten; wenn Einer die vom Staate gewährten Vortheile genießen, die Lasten dagegen nicht mittragen — die veredelnde Wirkung der Religion und des Unterrichts auf's Ganze rühmen wollte, während er jede Beisteuer zur Besoldung von Geistlichen und Lehrern hartnäckig verweigerte. Nun gut; in einem zum Erschrecken ähnlichen Falle befinden wir uns, sobald wir, die unschätzbare Wirksamkeit der Kunst mit freudiger Bereitwilligkeit anerkennend, uns alle ihre Segnungen unbedenklich aneignend, gleichwohl bei jeder Gelegenheit, wo es sie zu stützen, zu fördern, ihr Vorschub zu leisten gilt, nichts als ein ängstliches Achselzucken, als stotternde Entschuldigungen und Ausflüchte haben. Bedarf sie etwa solchen Vorschubs nicht? Widerlegen Sie den A b b é der Lehrjahre, wenn er einfach bemerkt, das Nützliche befördre sich selbst, denn die Menge bringe es hervor und Alle könnten's nicht entbehren, das Schöne aber müsse befördert werden, denn Wenige stellten's dar und Viele bedürften's. Oder sehn Sie einmal um sich! Bleiben nicht in einer Zeit, die zur Befriedigung einer, meinetwegen verzeihlichen Eitelkeit und Genußsucht so ungeheuren Aufwand macht, gar manche der schönsten Bauten dem Verfalle preisgegeben? Verderben nicht

allerwärts treffliche Modelle in des Bildhauers, ver=
kommen nicht die preiswürdigsten Gemälde, nachdem sie
auf Dutzenden von Ausstellungen „bewundert“ wurden,
zuletzt in des Malers Atelier? Wie viele Musiker ver=
hungern mitten in der Glanzwelt, die allabendlich mit
ihnen paradirt, und wie mancher Poet, den die Nach=
welt unter die Götter versetzt, hat, weil auch bei’m
Buchhändler nur Modeartikel in Maroquin und Gold=
schnitt gesucht werden, für sein erstes Buch keine Käu=
fer, für’s zweite keinen Verleger, für sich selbst aber —
o Himmel, wie mancher! — kaum Brod und Salz ge=
funden. Da lassen denn die heilig Leidenden den gött=
lichen Funken in der Brust, dem unter dem Anhauch
freundlicher Theilnahme tausend schönere entsprungen
wären, schmerzlich langsam verglimmen oder, was
schlimmer ist, der sie durchstürmende Zorn facht ihn zu
wilder Flamme an, deren größte Verheerung es mit
nichten ist, daß sie den Armen selbst verzehrt. Ach, nicht
zu zählen sind sie, die zarten Schößlinge, die kräiner=
hafte Gleichgültigkeit verdorren ließ, nicht zu zäh=
len die edlen Früchte, die unreif abgeschüttelt am
Boden verfaulen mußten, weil keine liebreiche Hand
dem Sturme wehrte, der sie losriß! Was die Besten
litten, die Welt verlor: kein Lied meldet’s, kein Hel=
denbuch.

Doch ich bin nicht gekommen, Ihnen Thränen zu ent=
pressen. Was gescheh’n ist, ist gescheh’n; kein Gott
bringt’s wieder ein. Genug, wenn wir das Unrecht er=
kennen, es in den Kreisen, die unser Wollen bestreicht,

nicht fortbauern laſſen. Ein offenes Herz und — wozu
das Wort ſcheu'n? — einen offenen Beutel für Künſt=
ler und Kunſt ſorge Jeder ſtets bei ſich zu tragen, und
bald wird man ſehn, wie ſie aufblüht, die Himmels=
tochter, immer neue, immer herrlichere Reize entfal=
tend. Und wenn mein Auge bei dieſen Worten be=
ſonders auf Ihnen, den Frauen, haftet, wenn ich
namentlich Ihnen die Pflege der holden Schweſter an's
Herz legen möchte, ſo iſt das — glauben Sie's mir! —
kein wohlfeiler Verſuch, zum Schluſſe noch Ihr beſon=
deres Wohlwollen zu erſchleichen. Stammt ja der
Spruch, der das Naturell der Frauen ſo nah' mit Kunſt
verwandt nennt, ſo wenig von mir, wie der zarte
Scherz, daß das ſchöne Geſchlecht, und herrſchte es
auch nicht durch eigene Schönheit, den Namen ſchon
deßhalb verdiene, weil es von der Schönheit beherrſcht
wird. Als das ſchönſte Gebilde der Natur ſoll und muß
das Weib von dieſer zur Kunſt hinüberführen, eine Auf=
gabe, zu deren Löſung ſeine geſellſchaftliche Stellung,
indem ſie ihm zugleich die vollſte Empfänglichkeit zu be=
wahren erlaubt, geradezu hindrängt. Der Mann hat
in oft heißem Kampfe das kleine Reich, das wir ſein
Haus nennen, zu erobern und ſchlagfertig zu ſchützen;
von der Frau fordert er nur, daß ſie es ordne, ſchmücke,
verſchöne. — —

Und nun iſt's Zeit zu ſcheiden! Haben wir bei unſern
gemeinſamen Betrachtungen auch nicht viel gelernt, ſo
begleitet doch wohl uns Alle der erneute Vorſatz von
dannen, mit ganzer Seelenkraft den verflachenden, er=

kältenden Einflüssen des Alltagslebens zu widerstreben, um, wie der Vesta Jungfrau'n den geheiligten Herd, so die Gluth der Begeisterung für's Schöne in uns zu hüten und ihm, wenn die Mächte der Welt sich deß wei=gern, in unserm Herzen einen Tempel zu bauen. Halten wir uns an das Höhere, wo und wie es sich biete! Empfinden wir's ahnungsvoll in der Religion, schau'n es lebendig in der Kunst, folgen mit Freuden der Wis=senschaft, wenn sie's geistig zu erfassen, zu ergründen strebt, und suchen es, Jeder nach seiner Weise, zu rea=lisiren in unserm Sein und Thun!

„Denn aus der Kräfte schön vereintem Streben
Erhebt sich wirkend erst das wahre Leben." —